ARTAUD Y FROMM:

DEL MISANTROPISMO ZEN A LA LOCURA
(Literatura Crítica)

Yuri Zambrano

TELARAÑA
EDITORES

ARTAUD Y FROMM: DEL MISANTROPISMO ZEN A LA LOCURA
Primera Edición.

Copyright © 2014, By Yuri G. Zambrano. Respecto a la primera edición en español, (**E-mail:** neuronalself@gmail.com).

TELARAÑA EDITORES

ISBN   978-1-312-28742-6

Diseño e Impresión: Telaraña Editores

Impreso en México

INDICE

PROLEGÓMENOS

DEL MISANTROPISMO ZEN A LA LOCURA
(Una Aproximación al Pensamiento de Erich Fromm y Antonin Artaud)

Ensayar, ensayar, ensayar.

Ensayar a escribir no es fácil. Escribir a ensayar puede ser incluso divertido.

Como Umberto Eco en Busca de la lengua perfecta[1], como si fuese el mismo Proust, buscando aquel tiempo perdido (que nunca encontramos y que siempre

---

[1] Del título original *La ricerca della lingua perfetta nella cultura europea*, Edizione Laterza, Roma-Bari, 1993 con algunos apartes de publicación en Eco, U. (2014) From the tree, to the labyrinth. Harvard University Press. Trad. *"Dall'albero al labirinto: studi storici sul segno e l'interpretazione"*, Bompiani, 2007-2014.

nostalgiamos), no se pretende por antonomasia, que un ensayo sea un culto a la erudición de un algo inexistente – un hecho efímero para unos, pero memorable para otros, y viceversa. Al contrario, como ente de exploración literaria y siguiendo la línea de don Umberto (alrededor de unos 40 doctorados *honoris causa* por reconocidas universidades en idiomas de diversas sintaxis y escrituras), no se trata de hacer mención de la *gramática universal* a lo Chomsky[2], que pudiese interferir incluso con el hallazgo "griálico" de un modo literario de comunicación único.

Por tanto, pese a los muchos estilos de ensayo, de un prolijo Severo Sarduy, crucificando un cristo en la

---

[2] Durante 1975, en las Conferencias Whidden, dictadas en la universidad de Mc Master, Noam Chomsky relacionó al innatismo como teoría del aprendizaje (TA), con las leyes de la Gramática Universal (GU) que a la postre, pudieron servir, incluso como algún tipo de analogía cibernética *input-output*. (Chomsky, 1965, 1975).

Del Misantropismo Zen a la Locura

Rue Jacob; de un agudo Scott Fitzgerald, de un concienzudo Patrick White, un retórico Paz, o del siempre objetivo Cardoza y Aragón; considero que el ensayo debe ser sobretodo, ameno.

¿Sabía usted que Erich Fromm, vivió en México y que durante su presencia fundó la sociedad psicoanalítica mexicana como pivote fundamental en la psiquiatría contemporánea latinoamericana? Podría inferir objetivamente, ¿cuál fue el argumento cardinal para que Artaud, escogiera la sierra Tarahumara y viniera desde Europa a experimentar con sus sincretismos ancestrales? La propuesta de este texto versa sobre la influencia en la sociedad mexicana, que tuvieron estos dos personajes en su paso por tierras raramuris y del centro de la república, durante el pasado siglo XX.

Así, al final del libro, la proposición ensayística muestra una opción interesante de crítica-autocrítica al mismo ensayo, como alternativa literaria que invita más a la lectura entre líneas, que entregarse al mismo placer de leer, por leer. Dado que no es parte *requisitoriacadémica* de los elementos para integrar un ensayo, el autor se dio a la tarea de presentar una objeción experimental, y presentarlo como apéndice, amparado por supuesto en la premisa fundamental del escritor, que ante todo debe ser creativo,

Como ensayo y en términos puramente académicos en los que la escuela Cubana se lleva las palmas por sus cuidados en la redacción, se elaboró un planteamiento del problema que uniera a las dos personalidades, la de Artaud, como la de Fromm; que ciertamente se contraponen y que de una manera fascinante, se presta para hacer un homenaje a dos procedimientos que ellos manejaban muy bien.

Del Misantropismo Zen a la Locura

El primer componente es el diálogo entrevista que lleva cualquier relación médico-paciente y que en este caso fundamenta la personalidad de Erich Fromm, tratando de entender la mente de su paciente.

El otro procedimiento, que sigue siendo el mismo experimento literario, tiene que ver con una de las herramientas que más desarrolló el galo Antonin Artaud, que rememora un diálogo teatral y se asemeja, por su contenido psicológico-filosófico a un ensayo teatral de los que filósofos como Hume o el mismo Platón, ya han dado cuenta de manera icónica en la historia de la literatura.

En síntesis, este "Del Misantropismo Zen a la Locura" raya la neuroepistemología, por su reto filosófico-analítico y posmoderno, enfrentado a la elucidación de los recovecos de la mente humana. Así pues, llama la atención por sus condiciones elementales de desarrollo de una idea; por esa coyuntura que pudiese haber existido, si el tiempo hubiese unido a estos dos personajes de altísima sensibilidad, como lo fueron el psicoanalista Erich Fromm y el escritor Antonin Artaud.

EL AUTOR

INTRODUCCIÓN

«DE CÓMO DIOS, NO JUEGA A LOS DADOS CON EL UNIVERSO.»

O lo que es lo mismo: "Antecedentes que garantizan la confluencia de las felices coincidencias".

México: pletórico de cosmovisión y diversidad cultural, tan lleno de fe en sus mitos, creencias y tradiciones; exuberante en su rebeldía sincrónica con su ancestral e ineludible indigenismo arraigado en cada una de sus rasgos fenotípicos a través del tiempo; es por antonomasia, un lugar de inequívocas trampas seductoras para individuos que por genética o por destino, son persuadidos hacia lo que ellos encuentran como parte fundamental de su constante búsqueda, de sus interrogantes y mecanismos de solvencia para solucionar algunas de sus muchos cuestionamientos, todos bajo certero análisis, hasta llegar a dilucidar según sus consideraciones, el realmente quiénes somos, hacia dónde vamos y porqué nos comportamos a veces, de inexplicables maneras en sociedad.

Para tales protagonistas históricos como Antonin Artaud o como Erich Fromm, estas dádivas de conocimiento conllevan a un constante devenir de respuestas – a veces insatisfechas–, a veces no, sino que al contrario, garantizan un movimiento interno de no dejar descansar la entrópica maquinita que entes notables como ellos, llevan dentro para llegar al trasfondo del asunto, persiguiendo por supuesto cada uno de sus ideales y desde luego, dejándose llevar por la inercia de sus propios descubrimientos que *per sé,* les abre los caminos de la trascendencia en la historia.

Descubrimientos que a la postre, trascienden en la medida que su capacidad de análisis deja huella, en quienes los estudiamos o analizamos *a posteriori.*

A mediados del siglo XX, Erich Fromm comparte un espacio temporal de su vida en Cuernavaca, estado de Morelos en México, realizando trabajos que a su propio arbitrio, tenían relación no solo con el campo bien determinado de un relativo "humanismo psicológico" sino que junto con el apoyo de distinguidos personajes de la vanguardia intelectual de la Universidad Nacional Autónoma de México y otras respetables entidades académicas se dedica igualmente y con mucho ahínco a trascender en estructuras de la conciencia, que para él, pese a no estar vedadas, eran indudablemente, procesos de innegable estudio a fondo (Derbez, 1980). A sus proyectos, todos en constante y vertiginoso movimiento se sumaron seguidores del legendario divulgador Teitaro Suzuki[1] quien fue contemporáneo cercano al mismo Fromm.

En este México plurivalente, de diversas manifestaciones que chocan entre sí como un predestino majestuoso, se puede incluso llegar a vislumbrar, como un imprevisible Alejandro Jodorowsky, una prodigiosa Támara de Lempicka, el par de visionarios y concienzudos educadores Paulo Freire e Ivan Illich, además de una despampanantemente fatal

---

[1] Bautizado por el *sensei* Soyen Shaku, con el nombre de Daisetzu, que en principios Zen, significa "Gran simplicidad".

Madame Magda Elena Lupescu, artistas de la talla de Rivera, Siqueiros o Tamayo y hasta teólogos esperanzados como Méndez Arceo coinciden en un espacio de varias décadas de un mismo siglo, en un mismo lugar; compartiendo –sin restricción temporal– las huellas volcánicas y etílicas en un día de muertos de 1938, calavereadas bajo la lava espectral del quimérico cónsul Geoffrey Firmin.

Fromm, nada errado, debió caer en el lugar exacto donde confluía todo ese hechizo de magnitudes *karmáticas*, en plena posguerra inmediata. En aquel lugar histórico de estelas impregnadas de señoríos de Cuauhnahuac, de interminables ríos forjados a sangre y fuego que "cortésmente" reseñó la conquista en la bravura indígena y nada vencida de nuestras raíces y que también sombrea al independentista consumado General Morelos y Pavón, acompañado indudablemente del ulular murmurante de un "Tierra y Libertad" aflorando al paradigmático Emiliano, asentado allí como amo y señor de una revolución campesina ejemplar.

De esa manera, no solo aparecerán las mas fortalecidas de sus obras en sus estancia en México, como "El Arte de Amar" publicada por vez primera en 1956, sino también "El Miedo a la Libertad", y sobretodo, dos propuestas fundamentales que son tema de este ensayo, sus trabajos de Budismo Zen y Psicoanálisis y el tema eslabón de estudio de las raíces culturales en México con un enfoque netamente suyo, titulado Socio-psicoanálisis del campesino mexicano: Estudio de la economía y la psicología de una comunidad rural, llevado a cabo durante más de 10 años en una comunidad de Morelos, donde investiga, percibe y debrida el carácter social de un promedio de 800 campesinos del municipio de Xochitepec, en compañía de grandes pioneros de la investigación en este campo.[2]

EL MAESE ARTAUD ...

Cerca de una docena de años antes a la llegada de Erich Fromm al valle de Cuauhnahuac: En 1936, el poeta y dramaturgo Antonin Artaud pisaba tierras mexicanas, con una sola premisa: escudriñar las raíces ancestrales de la cultura Tarahumara, pero

---

[2] En el estudio publicado por el Fondo de Cultura Económica, aparece Michael Maccoby como coautor. Sin embargo, en el prólogo, p.7; y también en el capítulo de metodología, hay una larga lista de psiquiatras y estudiantes simpatizantes de la naciente Escuela Psicoanalítica Mexicana. (*Cfr.* Fromm & Maccoby, 1970)

sobretodo entender para él, la psicofisiología de la conciencia y su muy personal relación con el dolor, como luego lo intentaría explicar en sus cuadernos de Rodez, la descripción más fehaciente que se aproxima al limbo de la locura y la línea delgada que lo separa con la razón.

Inexplicablemente, Antonin Artaud, no tuvo ni por menor atisbo, la idea de visitar las ruinas aztecas, que en el antiguo continente alcanzan sin duda, el calificativo de míticas. Al autor de *"Le Momo"* sólo le interesaba ser testigo de la autenticidad de la cultura indígena en las condiciones que el consideraba aun no exploradas por la destructiva influencia occidental. Por eso se desplazó a la Sierra Madre al norte de México, donde pudo constatar que el uso del

peyote en esas áreas tenía
connotaciones religiosas.

Las experiencias de su
estadía en esta zona fueron
recopiladas en su famosa *opus*
"Los Tarahumaras". En tal
trabajo, describe un mundo lleno
de sincretismos plasmados en su
"Tutuguri", donde el primitivismo
artístico se funde con un
simbolismo naturalista que incita a
encontrar y demandar
impostergablemente, qué hay más
allá de la magia[3]. Para Artaud,
todo esto podría significar el
renacimiento de sus interrogantes
tratando de entender los avatares
de la madre tierra en dominios
donde el alma indígena comulga
ancestralmente con la conciencia
divina que emana en cada espacio
de su razón y de su sangre en
medio de ritos mágicos, que el
escritor, explota en su "danza del

---

[3] Antonin, Artaud. Los Tarahumaras.
Barral Editores, Barcelona 1972.

peyote" como un elemento más de sus constantes ratificaciones.

Es en este contexto, de magia y experimentación de la conciencia, precisamente un par de años antes de una serie de internamientos crónicos en pabellones de psiquiatría de su natal Francia, en los que Artaud parece madrugar a los estudios que Fromm hiciera tan solo unos años después y que en vida, él mismo Antonin Artaud no pudo disfrutar al finalizar sus sufrientes días después de escribir las dolorosas "Cartas de Rodez" en los que plasma su desesperación por huir de un dolor que en términos psicoanalíticos rayan la locura pero también nos acercan los visos de razón que a veces nos negamos a comprender.[4]

---

[4] Antonin, Artaud. Cartas desde Rodez, Madrid, Fundamentos ed. 1976

De esta manera, éste ensayo no solo muestra la posibilidad real de entender lo que dos mentes como las de un provocador Artaud y un sosegado Fromm, pueden entender de tan variados *Méxicos* con respecto a su ancestralidad irrebatible y arraigada sino también en un interesante experimento literario, se vislumbraría lo que mutuamente pudiesen haber enriquecido con sus experiencias, si en tiempo real hubiesen coincidido, pese a que como consta en los anales de la fundación de la Sociedad Psicoanalítica Mexicana, Erich Fromm visitó México por primera vez en 1935 y volvió en 1949, mientras que Antonin Artaud arribó a tierras aztecas un siete de Febrero de 1936[5], permaneciendo

---

[5] Realmente el viaje de Artaud desde el antiguo continente, comienza en Amberes donde embarcó el 11 de enero de 1936 en el "Albertville" una nave de 9 a 10 mil

allí por lo menos ocho meses

---

toneladas. Realiza una escala en Cuba
donde escribe una carta fechada el 25 de
enero y donde recibe de un chamán cubano,
un amuleto, (similar a la espada de Toledo)
que será fundamental para entender los ritos
y figuraciones simbolistas en su experiencia
con los Tarahumaras. Finalmente
desembarca en el puerto de Veracruz el
siete de febrero de 1936. No existe una
fecha precisa del inicio del viaje de Artaud
a la sierra tarahumara, pero según Cardoza
y Aragón cita que pudo ser "A fines de
Agosto" y que su llegada podría haber sido
el 25 de septiembre, según "El rito del
peyote entre los Tarahumara, pg. 10", *fue
una mañana de domingo cuando el anciano
jefe vino a abrirme la conciencia con una
cuchillada entre el corazón y el bazo".*
Según Luis Mario Schneider en su prólogo
y notas de "Viaje al país de los
Tarahumaras" escribe, que no sería inexacto
afirmar que durante los primeros quince
días de Octubre, Artaud hace en tren el
trayecto de Chihuahua a Bocayna, estación
de ferrocarril más cercana a Sisoguíchic, la
verdadera puerta de la región tarahumara.
En: Viaje al país de los Tarahumaras.
Prólogo, Notas y Edición de Luis Mario
Schneider. Edit. Secretaría de Educación
Pública, 1ª. Edición, 1975, México.

(Florez, 2005), y unas pocas semanas entre septiembre y octubre en la sierra tarahumara. (Artaud, 1975).

De allí se desprende esa dicotomía de lo que puede apreciar una conciencia y que eventualmente, puede ser plasmada por la otra, tan solo en la capacidad de percepción aunque se hable de culturas y tradiciones diferentes dentro de una misma mexicanidad. Por un lado, una aproximación psicoanalítica a una comunidad campesina con un poco más de menos abandono de la mano del hombre hecha por Fromm, en las que demuestra evidentemente, una gran entrega y amor por su trabajo y experiencias por tratar de comprender los recovecos emocionales del cerebro y sus emociones; y del otro lado, la búsqueda incesante de la magia a través del enraizamiento jamás destruido de una cosmovisión como la existente en el pueblo Tarahumara, a partir de la percepción individual pero enfocado a lo que se puede obtener a partir de un imaginario colectivo, basado en ese sincretismo, al que tan perspicazmente se aproximó Antonin Artaud en sus descripciones.

II. EL PROBLEMA

Fromm y Artaud, trataron de identificar o intentar resolver algunos de sus interrogantes existenciales más profundos, durante su estadía en México. Uno en la sierra tarahumara en 1936, el otro en Cuernavaca durante mas de dos décadas.

Si el proceso de adaptación de dos europeos, uno galo y otro ario, fuese tan simple como solo venir, y "no" dejar huella en tan vasta gama de culturas como lo es la amplia cosmovisión mexicana, este estudio no tendría sentido. Sin embargo, si se tratase en este escrito de tomar cierta posición Psicológica-Filosófica respecto al proceder de búsqueda constante de ambas luminarias intelectuales y humanistas en el campo del conocimiento de la exploración de la conciencia humana, el alma y el espíritu del "Ser": se haría con un doble propósito.

1. ¿Las experiencias espirituales o de formación psicológica y sociocultural que ellos desarrollan, tienen una influencia social en el México contemporáneo?

2. ¿Los caminos que ellos exploraron, independientemente de sus metodologías, alcanzan un sustento científico que fuese trascendental para entender, cómo se estructuran las raíces culturales de una sociedad?

Fromm y Artaud, por senderos diferentes llegan a México y durante su estadía, modifican sustancialmente no solo principios básicos del comportamiento social sobretodo en los trabajos de psicoanálisis humanista de Erich Fromm que por lógica, sirven para intentar comprender otras conductas propias de la condición humana, sino también en la capacidad descollante que tiene Antonin Artaud para hacerse entender en lo que en su lenguaje solo traduce la necesidad inherente para comprender al ser humano en su interior, con todas sus deficiencias pero también para tratar de identificar el espíritu combativo que de hecho, él demuestra a través de sus obras, lo que podría concebirse como "un rasgo inequívoco de carácter" en términos estrictamente frommianos y que se presta a un imprescindible análisis.

Mientras que Artaud trabaja en México directamente analizando el interior absoluto del ser humano y experimenta en el trasfondo ancestral de la experimentación conciencial en comunidades indígenas arraigadas[6]; Fromm por su parte, se dedica a realizar un trabajo de sociopsicoanálisis en una comunidad campesina mestiza y semiurbana[7], aparte de llevar a cabo seminarios de psicoanálisis y Zen[8], así como consolidar con eminentes estudiosos de psiquiatría y psicología lo que más tarde conformaría la Escuela Psicoanalítica Mexicana[9].

---

[6] Artaud A. Au pays des Tarahumaras. (L'age d'or) Collection dirigée par Henri Parisot. !945, París Fr.

[7] Fromm, Erich & Maccoby, Michael. Social Character in a Mexican Village. Primera edición en Inglés, Traducción de Claudia Dunning. Sociopsicoanálisis del Campesino Mexicano, Fondo de Cultura Económica, 1970, México.

[8] Fromm, Erich., Suzuki, Deitaro T., De Martino, Richard. Zen-buddhismus und psychoanalyse. 1 Ed. Szczeany, 1970, Munchen, Deutshland.

[9] Derbez, Jorge. Fromm en México. Su contribución a la medicina humanista, Gaceta Médica de México, Vol. 116 (No. 10) 1980, pp. 440-443

La tesis sostenida en este ensayo, se basa en la consideración de que Fromm: con las herramientas solidarias propias del humanismo y el ser un incansable estudioso tanto de la sociología como de la psicología e incluso experimentador de praxis "que sanan el alma" como lo es la meditación trascendental y la disciplina Zen[10]; este psicoanalista, bien podría adentrarse en la problemática Artaudiana, y el porqué de su venida a México, pese a que existen varios artículos firmados por él[11],[12] o por otros analistas,

---

[10] Fromm, Erich, & Suzuki, Deitaro. Psicoanálisis y Budismo Zen. Fondo de Cultura Económica, 1960

[11] Artaud, Antonin. Mensajes Revolucionarios. "Lo que vine a hacer a México" P. 89 Editorial Letras Vivas, 2006 México.

[12] Artaud, Antonin. México. "Lo que vine a hacer a México" P. 66-72. Ed. Universidad Nacional Autónoma de México. 1 ed. 1962.

que sustentan la probabilidad de
comprensión, del "qué" trajo al
escritor francés a tierras
tarahumaras[13].

Artaud, un personaje
atormentado por sus propios
monstruos, de los cuales
psicopatológicamente lo llevan a
caer a una serie de internamientos
en hospitales psiquiátricos como
el de Rodez y otras instituciones
dedicadas a la sanación mental
por casi una década[14], es
probablemente la antítesis al
pensamiento de Erich Fromm, y
de cómo entender una cultura,
pese a la diversidad social y
etnoantropológica de un México

---

[13] Florez, Enrique. A que vino Artaud a
México. Revista de la Universidad de
México, N° 14, 2005 , pags. 34-40
[14] Artaud, Antonin. Noveaux Ecrits de
Rodez. Traducción de Pilar Calvo.
Editions Gallimard 1977. Edit.
Fundamentos, 1980, Madrid, Esp.

tan convulsionado como sus propios pensamientos.

Temas trascendentes que se han prestado a la transgresión por diferentes analistas, como lo son el carácter del individuo, la religión, las creencias, las convicciones que solidifican una cultura, los ritos, los mitos y el desenvolvimiento de ciertos factores sociales que determinan patrones conductuales de una comunidad: son parte fundamental de este análisis, donde el común denominador, bien puede ser la confrontación inevitable entre estas dos influyentes personalidades.

De modo específico y como una forma netamente didáctica de comprender este planteamiento –a manera de apéndice en este ensayo–, se diseña como complemento analítico una enfática propuesta meramente ilustrativa al más puro estilo de clásico diálogo filosófico, donde con detalle se analiza pragmáticamente, el perfil psicológico de los personajes, alcanzando eventualmente un interesante experimento literario que brinde soluciones y aproxime al lector realmente, a dilucidar la causalidad intrínseca del problema: intentar comprender el curso del pensamiento de tan complejos personajes, donde cada uno de ellos asume su papel de acuerdo a como el lenguaje y coyuntura de sus escritos les ha caracterizado, a través indudablemente, de sus obras publicadas.

El hecho de tomar para este ensayo no un personaje, sino dos: solo evidencia que este enfoque, podría mediante el análisis, exhibir al menos un tipo de ambivalencia respecto al valor "subjetivo-objetivo" de lo que dos

mentes vanguardistas podrían
comprender de un mismo
problema, que sustancialmente
incluye: rasgos psicológicos-
filosóficos del ser humano,
arraigos culturales, enraizamiento
y cosmovisión de una inextinguible
mexicanidad.

III. LA TRASCENDENCIA DE SUS TRABAJOS, O LA OBLIGATORIEDAD DEL HOMBRE FRENTE A LA BÚSQUEDA DE SUS ORÍGENES.

Durante el tiempo de estadía, tanto de Fromm, como de Artaud en México, se observan interesantes cuestionamientos para poder considerar lo que ellos pudieron encontrar o quisieron indagar, logrando en su permanencia, algo objetivo y trascendental en el campo de la búsqueda de raíces culturales o etnográficas, que indudablemente tanto en tierras tarahumaras como en el estado de Morelos, podrían enriquecer desde cualquier punto de vista: sobretodo sus inquietudes; aquellos motores cuyo devenir los hizo mezclarse entre las múltiples cosmovisiones que brinda la diversidad de un cúmulo de tradiciones tan arraigados como las existentes en la multipluralidad de la población mexicana.

De esta manera mientras Fromm desarrollaba múltiples trabajos dedicados a su campo del psicoanálisis humanista, alternando las labores que requieren desarrollar una estrategia de enseñanza en una nueva escuela académica especializada en psicoanálisis de la población mexicana, con otra investigación de campo de gran envergadura como lo fue finalizar con éxito rotundo un estudio que incluyera el aspecto social y psicológico de una comunidad campesina de 800 habitantes en Morelos (Fromm & Maccoby, 1970). El psicólogo alemán se dio el lujo también de explorar el campo de la conciencia tridimensional abordando temas complejos como el budismo Zen y el Psicoanálisis (Fromm, 1960), dejando entrever que uno de los aspectos primordiales para él, sin duda, era el estudio del espíritu con respecto a la creatividad y a la exigencia que un ser humano puede demandar de sí mismo.

Por otro lado y no corto en su búsqueda incesante por explorar su continuo y crónico dolor existencial, Antonin Artaud, dueño de una sólida convicción del individuo conciente en que los límites de la mente humana y de los estándares sociales solo están allí para darles el beneficio de la duda frente a la transgresión de las acciones, también encontraba en su viaje al corazón de las sierras al norte de México una forma de responder a ese ímpetu interno que fortalecería su obra (Artaud, 1962), profanándose incluso a sí mismo, con el fin de encontrar lo que tenía dentro de él. De esa forma, Artaud explora la mente y lo que hay dentro de una comunidad indígena y bajo esos recursos heterodoxos logra un sincretismo (Artaud, 1972), quizá más profundo que guardadas las debidas proporciones, realizara Fromm con todo su equipo y parafernalia de impresionante alcance y productividad.

Erich Fromm, se dedica entonces y basado en un antecedente de sus trabajos, como lo es el de "Psicoanálisis de la Sociedad Contemporánea" (Fromm, 1955) a escudriñar con una metodología apoyada en Michael Maccoby, al campesino de una población rural del estado de Morelos. Este estudio de la economía y psicología de una comunidad rural, por supuesto tiene sus limitaciones estructurales de identidad, respecto al trabajo más conciencial de Artaud, específicamente con indígenas no mezclados con sangre colonizadora.

III.1 EL CAMPESINO MEXICANO... ¿ ES SOCIO-PSICOANALIZADO?

Debido a que el trabajo de Fromm, es circunscrito a una comunidad semiurbana dadas las condiciones geográficas y sociológicas de la población escogida de apenas 162 familias, lo primero que hace es definir el término campesino, donde encuentra que tiene características de mestizaje, es decir mezcla de español e indígena, lo que según él, justifica parte de la verdad actual del México que vive, donde ser mestizo identifica esa cultura contemporánea.

Dentro de la temática del "carácter social" que aborda en su estudio, Fromm, tiene por obligación dejar en claro el particular definitorio de "carácter campesino":

"Llamaremos campesinos en este estudio a aquellos vecinos de un pueblo cuya ocupación principal es la agricultura, aunque también puedan trabajar como alfareros o pescadores"[15]

Y en otro aparte, en la misma página cita:

"Lo que distingue al campesino de la mayoría de los indígenas es que depende económica, cultural y políticamente de la sociedad urbana.
"Muchos indígenas primitivos viven en poblados aislados que se gobiernan a sí mismos y son

---

[15] Fromm, Erich & Maccoby, Michael (1970) Sociopsicoanálisis del campesino mexicano. F.C.E. México, 1970, p.17

*cultural y económicamente
autónomos...*" [16]

Sentadas estas bases que precisan un "carácter campesino" para Fromm, también podría pensarse que Artaud, consideraba igualmente que la búsqueda de raíces ancestrales del indigenismo mexicano, podía estar en sus tradiciones, usos y costumbres, especialmente si lo que él más deseaba era la experimentación del espíritu en el nivel de arraigamiento donde el *sí mismo*

---

[16] La definición de campesino es esencialmente de acuerdo con la de antropólogos connotados citados por E. Fromm. *"Foster cita la afirmación de Kroeber: "Los campesinos constituyen sociedades parciales con culturas parciales", son decididamente rurales pero viven en relación con las ciudades, con mercados que contienen centros urbanos..."* Cit. En: Fromm & Maccoby, 1970, p.17.

indígena, equilibra su propia conciencia.

En el estudio de Fromm, definitivamente sí se marca su objetivo psicoanalítico pese a llevar a cabo, sistemáticamente, una metodología experimental social y científica que con lujo de detalles expone en su trabajo. Allí trabaja con el "concepto dinámico del carácter" en el que pone de manifiesto incluso la eventualidad de que los campesinos de la población posean el llamado "carácter neurótico" dependiente de las reacciones a ciertas conductas y trabaja ampliamente con los sistemas de carácter social.

" *La valentía puede servir como otro ejemplo de la diferencia entre rasgo de conducta y rasgo de carácter*"[17]

---

[17] *IbIdem*, p. 27

El carácter para Fromm, como para la escuela Freudiana, con la que él tuvo aciertos como diferencias, resultaba fundamental para ser estudiado y analizar en grupo a su comunidad campesina. De esa forma, ideó un sistema que fuera universal para poder estandarizar sus resultados y concluir objetivamente sobre lo que él creía que podía ser su verdad aplicada de su corriente de psicoanálisis humanista.

En cuanto a sistema de carácter, Fromm prefiere definirlo como:

" *El sistema de carácter es la forma relativamente permanente en la que la energía humana se estructura en el proceso del relacionarse con los demás y de asimilar la naturaleza. Es el resultado de la interacción dinámica del sistema-hombre y el sistema sociedad en que vive.*"[18]

En una forma de trabajo contundente y apegada a sus lineamientos, los responsables del estudio psicoanalítico de un pueblo cañero en el estado de Morelos, distinguen igualmente el carácter social de un grupo, explicándolo a través de la energía psíquica que toda sociedad necesita emplear para funcionar. En este caso la energía psíquica, marca el carácter social de los individuos en estudio.

"El carácter social con frecuencia se retrasa respecto a los nuevos desarrollos sociales y económicos ya que, arraigado en la tradición y la costumbre, es mas estable que los cambios económicos y políticos. Este retraso a menudo es dañino a las

---

[18] *IbIdem*, pp. 28-29.

clases y sociedades que no pueden adaptarse a los requerimientos de las nuevas circunstancias, porque su carácter tradicional dificulta la adaptación de su conducta." [19]

Para llegar a una conclusión ineludible, Fromm y Maccoby, utilizaron un equipo de recursos humanos de notable eficiencia y basaron sus resultados en una metodología que llamaron "cuestionario interpretativo", basada en categorías analíticas sociopsicológicas que permitiesen evaluar individualmente y en grupo a una comunidad campesina, echando mano de uno de sus estudios basado en la personalidad autoritaria, un método aplicado por primera vez en el Instituto de Investigación Social de Frankfurt, utilizando una

---

[19] *IbIdem*, p. 37.

analogía entre una entrevista social y una psicoanalítica de tipo personal (Fromm & Maccoby, 1970).

Uno de los argumentos que probablemente se presta a más discusión, es que el método del cuestionario interpretativo demuestra que nada es perfectible. De esta manera, se presentan dificultades ineludibles que ellos prevén y que saben que al final, darían parte de la subjetividad del problema.

Es esta subjetividad casi inconsciente, respecto de las trampas que el mismo fluir del trabajo conlleva, que al final, se pueden ver en las conclusiones y que son parte del planteamiento del problema de este ensayo. Es decir, si existiese la capacidad de hacer un estudio control de lo que hay de arraigo cultural en una comunidad indígena en relación con una de campesinos, encontramos que cada uno de estos "caracteres sociales" dan como resultado, conclusiones interpretativas subjetivas, por más de que la metodología trate de ser fielmente científica.

" La mas obvia de las dificultades del método interpretativo es que muchas respuestas corresponden a los patrones culturales de pensamiento en cualquier sociedad o clase social dada. "[20]

La metodología de investigación social, además del ya nombrado cuestionario interpretativo está apoyada en un censo que arrojó consideraciones psicoanalíticas interesantes, como que la mayoría de los pobladores no se identifica con el pasado, sino que se consideran miembros

---

[20] *IbIdem*, p. 49.

inferiores y desfavorecidos de la sociedad moderna.

El hecho ineludible de que esa comunidad campesina hubiese sido en su mayoría proclive a la explotación cañera, deja entrever un dato fundamental de arraigo cultural. Se trata también de que la estructura de carácter se base en que sea una comunidad ejidataria, lo que le dio a Fromm y colaboradores, nuevos lineamientos de análisis.

"La desconfianza, el pesimismo y la malicia constituyen un aspecto de la vida campesina"…
…Aún más, a pesar de la sumisión del campesino, llaman la atención su dignidad y su autoconocimiento. El campesino sabe quien es y se hace pocas ilusiones acerca de sí mismo."[21]

---

[21] *IbIdem*, p. 63

La anterior cita, sin duda es una de las más interesantes acotaciones en este ensayo. Demuestra rasgos de conciencia operativa en las que el *sí mismo*, juega un papel determinante para identificar rasgos de carácter social en el individuo y de la misma comunidad que parece transferir esos sentimientos, más fenotípicamente, que de índole genético.

Me refiero pues, a ese estado donde la metodología interpretativa de Fromm y su equipo, demuestra que los reactivos de su cuestionario, arrojan inobjetablemente, la capacidad de entender el grado relativo de que una persona sienta o no ilusiones acerca de *sí mismo*, lo que nuevamente deja entrever una inclinación muy sugestiva, de que es muy difícil trabajar con datos subjetivos y querer entregar objetividad.

Basados en tablas comparativas y mediante un tipo de censo cuidadosamente preparado, se pudo indagar el panorama socioeconómico y cultural del pueblo. En el capitulo III del texto en discusión encontramos entre las estadísticas más notorias, algunos datos de relevancia relativa para equiparar las observaciones que también pudieran aparecer en un mismo tipo de trabajo que se hubiese realizado tentativamente entre los Tarahumaras (independientemente de que ese nunca fuese el objetivo de Antonin Artaud). Es así que hay un común denominador que revela familias numerosas con un 58% de clanes familiares que tenían entre 4 y 9 hermanos y un 14%, con más de diez hijos (es decir, el 72% de familias con un promedio de hijos superior a mínimo 4 hijos).

Igualmente se estudió el grado de alfabetización por sexo y años de estudio, encontrándose un 36% de analfabetismo en las mujeres y un 27% de hombres, en una muestra de 386 personas de las cuales un 30% no tenía ningún grado escolar y solo un 10% terminaba la primaria. Se llegó a conocer que los problemas médicos podían ser solucionados en un 48% con curandero (cuadro 3.10, Fromm & Maccoby, *1970*).

Las ocupaciones entre hombres y mujeres arrojaron que 189 de ellos se dedican a la agricultura (17 mujeres), mientras que la proporción en quehaceres domésticos se invertía en una muestra de 162 personas, y de ellas, 159 eran mujeres. Una categoría especial de trabajadores agrícolas masculinos (31) fue constituida por campesinos que emigraban a prestar sus servicios de jornaleros del otro lado del río

Bravo, aproximadamente un 15% de los hombres.

En el plano ejidal, Fromm y *cols,* encontraron sorpresas interesantes respecto al rubro de la tenencia de la tierra. Las dos clases principales son los ejidatarios que controlan la tierra otorgada en tiempos de la revolución mexicana y los no ejidatarios, quienes obviamente, no tienen tierra. Los datos arrojaron 69 ejidatarios de los cuales, 15 eran mujeres. De ellos, más de una cuarta parte vive en jacales sin electricidad, duermen en petates sobre el suelo, sin tierra y sin nada que demuestre que trabajan (cuadro 3.15, Fromm & Maccoby, *1970*).

"el ser ejidatario en el pueblo significa pertenecer a una clase social privilegiada. Y más importante todavía, significa trabajar su propia tierra y estar por

encima de la simple subsistencia, no depender de otros para trabajar, no tener que aceptar los trabajos más bajos para mantenerse con vida"[22]

Sin embargo llama la atención poderosamente este dato socioeconómico extraído del cuestionario interpretativo, en el que existen familias dirigidas por mujeres, donde 10 de 13, representan a madres solteras o abandonadas y con pocas esperanzas de cambiar su posición económica por sí mismas (Fromm & Maccoby, *1970*).

Ya adentrado en el tema del "carácter del campesino en específico de esta área", Fromm da rienda suelta a su conocimiento humanista y descarga la fuerza de su experiencia y lo aplica en esta comunidad, definiendo al carácter

---

[22] *IbIdem*, p. 84

como «*la forma (relativamente permanente) en que la energía humana se estructuraliza en el proceso de asimilación y socialización* »[23]. De esta forma aparecen los tipos de carácter en las orientaciones improductivas, como el carácter receptivo, la orientación explotadora y la orientación acumulativa. Mientras que del lado de las orientaciones productivas, describe a la productividad, «*como una actitud de la cual todo ser humano es capaz, a menos que esté impedido mental y emocionalmente*»[24]. Fromm, igualmente distingue las clases de relación interpersonal, en el que se encuentran 1) la relación simbiótica, 2) alejamiento y destructividad, 3) Narcisismo y 4) Amor. (Fromm & Maccoby, 1970). Igualmente describe la potencialidad de lazos incestuosos

---

[23] *IbIdem,* p. 101
[24] *IbIdem,* p. 106

que se pueden dar entre padres e hijos y hasta las orientaciones sociopolíticas que se dan de hecho, por las relaciones interpersonales entre ejidatarios y de hecho, condiciona el carácter autoritario tradicional, temas en los que Fromm demuestra su habilidad diagnóstica y de amplio conocimiento del tema, para poder ser explorados.

En lo que respecta a la psicología del carácter en este poblado mexicano, Fromm y Maccoby concluyen que existe una correlación directa entre el carácter y las variables socioeconómicas.

"Conforme cambian las tradiciones culturales y se determina un status según los valores del mundo moderno, son incapaces de defenderse de los nuevos empresarios, y es

*probable que se sientan inferiores
porque no ganan más dinero…
… las aldeas están comenzando a
sentir las nuevas exigencias de
adaptación que tendrán un efecto
cada vez mayor en la nueva
generación"[25] .*

Si el problema fuese tratar
de entender exactamente la
capacidad de extrapolación de
unos datos en un pueblo de 800
habitantes y tratar de aplicar ese
conocimiento a una mexicanidad
transcultural, entonces, muy
probablemente el trabajo de
Artaud, basado en la simpleza de
la observación y la
experimentación y una capacidad
de autocrítica muy personal,
seguramente este ensayo
empezaría a dar frutos en la
concordancia de sus tesis.

---

[25] *IbIdem,* pp.192, 193.

Sin embargo, la problemática central de Fromm, fue más a su metodología y a su enconado psicoanálisis humanista que ciertamente da muestras de ser aplicable por lo menos en lo que él espera. De esta forma, ahonda en un genial capitulo VII de la obra citada, sobre el sexo y el carácter y sus variantes. Allí encontró nuevamente que los valores machistas de los ejidatarios influían notablemente en el carácter social comunitario. De esta manera plantea un "reto al patriarcado y el patriarcado minado" y se aproxima a la realidad donde la mujer tiende a la independencia del sexo masculino y al asesinato de sus propios monstruos.[26]. Ante eso, analiza

---

[26] *"En su capítulo "sexo y carácter", Fromm 1963, sugiere que las armas que hombres y mujeres usan una contra otro, son determinadas en parte por sus vulnerabilidades biológicas. La posición del hombre es vulnerable en tanto tenga*

igualmente la influencia del alcoholismo en las relaciones interpersonales demostrando que el 54% de alcoholismo existe entre los 16 y 30 años. Refiere igualmente que en este campo, *«el abstemio juega un rol importante dentro de la sociedad, pues el abstemio se aleja tanto de lo que es común en el pueblo como el alcohólico»*[27]. Para Fromm, existen dos tipos de alcoholismo, el primero, tratando de vivir la idea patriarcal pero es vencido por la esposa, en parte porque tiene una orientación

---

que probar algo... la vulnerabilidad de la mujer, por otra parte yace en su dependencia del hombre, el elemento de inseguridad relacionado con su función sexual está no en fallar, sino en quedarse sola, en quedar frustrada, en no tener completo control sobre el proceso que lleva a la satisfacción sexual. Nota a pie de página, excerptada de Fromm & Maccoby, 1970, p. 208.

[27] *IbIdem, p. 225*

receptiva y dependiente y el otro por supuesto, es parte de la subcultura matriarcal.

La profundización del carácter en la niñez es otro apartado interesante. ¿Cómo se desarrolla el carácter del campesino desde que nace hasta su madurez? Fromm, hace un análisis de la infancia de los campesinos que alguna vez fueron niños en la comunidad y saca los datos a partir de su cuestionario interpretativo, donde en este caso, funciona con evidentes preguntas intencionadas. Aunque los diseñadores del cuestionario interpretativo se cuidaron de hacer preguntas proyectivas que rasgaran actitudes emocionales, también existieron las preguntas precodificadas.

Un total de 83 preguntas y seis cuentos proyectivos, mas las impresiones clínicas de quien formulaba el cuestionario, fueron fundamentales para que además todos estos resultados, fueran analizados bajo la metodología de Roschach.[28]

Bajo estas premisas y ese método de investigación social y psicoanalítica tan rigurosa, Erich Fromm y colaboradores pudieron concluir y concretar los ideales de marcar el carácter social de una comunidad, así como llegar a un nuevo concepto que se puede dar en las comunidades campesinas, y que eventualmente pudiera ser un acto iterativo en otras comunidades, como lo es el de la selección social.

"Aunque hemos visto que en el proceso de selección social, el carácter social es un elemento dinámico que facilita el cambio

---

[28] Roschach, Hermann. Psicodiagnóstico. Buenos Aires, Paidós, 1948.

social, también debemos afirmar que el carácter social puede ser un factor que retrase el cambio social ya que es responsable del rezago entre el cambio económico y la adaptación humana a él"[29]

Finalmente Fromm y su dilecto grupo, afirman en el documento que el futuro del campesino depende de una mejor comprensión del carácter y de un mejor conocimiento de sus necesidades y ansiedades conforme afectan su situación económica.

Ciertamente el alcance del trabajo de Erich Fromm con la comunidad campesina, fuertemente arraigada también a los mecanismos de crecimiento demográfico dejan en claro la probabilidad certera de que, efectivamente, sigue y continuará

---

[29] *Op. Cit, Fromm & Maccoby, 1970,* p.*307*

siendo un trabajo limitado porque, pese al gran desglose de metodología, no se pueden cubrir elementos que al contrario, Antonin Artaud, con mucha menos parafernalia, pero sí un considerable equipaje de sentimientos encontrados propios de su carácter psicológico y sensaciones concienciales pudo llegar incluso a conocer, realmente donde se podían encontrar aunque fueran parte de las raíces ancestrales del México indígena.

III. 2 ¿EXPERIMENTÓ ARTAUD EN MÉXICO, UNA APROPIACIÓN CULTURAL?

" *Como ya he dicho, fueron los sacerdotes del Tutuguri quienes me abrieron el camino del Ciguri. Pocos días antes, el Señor de todas las cosas me había abierto también el camino del Tutuguri. El Señor de todas las cosas, es el que rige las relaciones externas entre los hombres: la amistad, la compasión, la limosna, la fidelidad, la piedad, la generosidad, el trabajo. Su poder se detiene en el umbral de lo que en Europa entendemos por metafísica o teología y, en cambio, en los dominios de la conciencia interna llega mucho más lejos que el de cualquier jefe político de Europa.* "[30]

Una interesante aproximación a lo que realmente buscaba Antonin Artaud al llegar a México se deja vislumbrar en el apartado arriba transcrito, en el que de alguna manera, tal descripción que versa sobre "El rito del Peyote entre Los Tarahumara", nos muestra que ciertamente la búsqueda del

---

[30] Artaud, Antonin. Los Tarahumaras. Extractado del Rito del Peyote entre los Tarahumara. Barral Editores, Barcelona 1972.

escritor francés, estaba muy cerca de un plano conciencial muy diferente a un enfoque metodológico y científico como el exhibido por E. Fromm en el estudio antes analizado sobre el estado sociopsicoanalítico de una sociedad rural. El caso es interesante analizarlo, porque finalmente por metodologías diferentes de experimentación se puede llegar realmente a explorar no solo, los prolegómenos concienciales de una comunidad, sino también el porqué de las manifestaciones que acusan de inobjetable raigambre cultural.

Por eso el inicio de este apartado, le he bautizado, ¿"Experimentó Artaud en México, una apropiación cultural?" o simplemente fue una corroboración de su locura existencial y con francos visos de padecimiento psicopatológico inextinguible. En el texto extractado de "El Rito del Peyote" (Artaud, 1972), podemos notar ciertos datos que se prestan a una veracidad subjetiva. Es decir, en que momento lo escrito deja de ser verdad para convertirse en una fantasía del escritor y por otro lado, esa verdad se antoja real. De allí que el lector tenga que creer en los Sacerdotes del Tutuguri y en el camino abierto del Ciguri, donde participa también un ente que se percibe imaginario, como lo es "el señor de todas las cosas" que rige las relaciones externas del hombre.

Por otro lado, existe una percepción en la narración que se podría prestar a un desliz más místico que alucinatorio, que sin embargo, no deja de ser verdad por el relato veraz y apegado a los principios de búsqueda de Artaud. Es el apartado especial que a continuación transcribo:

Nadie en México puede iniciarse, es decir, recibir la unción de los sacerdotes del Sol y la marca de inmersión y de readmisión de los Ciguri, que es un rito aniquilador, si previamente no lo ha tocado su espalda el anciano jefe indio que manda en la paz y en la guerra, en la justicia, el matrimonio y en el amor. "[31]

Difícil conocer qué fue lo que realmente atrajo con tanto poder al dramaturgo del tormento existencial, en este México de las cien culturas. Aunque él haya contestado airadamente en sus "Bases Universales de la Cultura" sobre el particular y sobre la trascendencia de la diversidad cultural mexicana [32].

---

[31] *Idem.*

[32] *"Cuando vine a México y hablé de su antigua cultura, se me respondió más o menos por todas partes: ¡Pero si ha habido cien culturas en México! – Prueba de que los mexicanos de hoy, han olvidado hasta la*

Artaud, según Luis Cardoza y
Aragón,
*"Era delgado, eléctrico y
centelleante. Vino a México en
busca de su esperanza... Lo
recuerdo incandescente, linchado
por sí mismo, estrangulado ...
anárquico a fuerza de
sinceridad"[33]*
Y en otro aparte, se cita:
*" Fue el metafísico del teatro. "su
vida fue exactamente su
tragedia"[34].*

---

*significación de la palabra cultura y
confunden una cultura uniforme con una
multiplicidad de formas de civilización"*
Extractado de: Artaud, Antonin. Bases
Universales de la Cultura. En: "México",
Prólogo y notas de Luis Cardoza y Aragón.
Editorial UNAM, 1962, México. Pags 45-48.

[33] *Idem*, p.7.

[34] *Idem* p.16. A partir de: Antonin Artaud et
le theatre de notre temps. Cahiers de la
compagnie Madeleine Renand – Jean Louis
Barrault. Ediciones Juliard, 1958.

Bajo estas inferencias que bien podría Fromm, enmarcar dentro de los rasgos de un carácter neurótico o bien en los terrenos de una psicopatología bien estructurada, es claro entender que el objetivo real de Artaud por venir a México era dejar que el fluido cósmico lo llevara al descubrimiento de su propia conciencia a través de las tradiciones, usos y costumbres de la cultura ancestral tarahumara.

Sus descripciones son más que preclaras y poseen la fuerza suficiente para desmitificar la incredulidad de quienes creen que su potencial humano estaba totalmente descarrilado debido a su angustioso cerebro, siempre perseguido por las millones de revoluciones a las que su pensamiento lo sometía. Y añade Cardoza y Aragón:

" *Fue un hombre enfermo de su conciencia de ser hombre, de su lucidez. Sus razones, su razón fueron otras, fueron otra*"[35]

Los fundamentos académicos y eventualmente empíricos para distinguir el enfoque de estudio y transculturización que Artaud, hubiese podido imprimir en su experiencia con los Tarahumaras, se suscriben inevitablemente al poder descriptivo del dramaturgo francés.

En la montaña de los signos por ejemplo, Artaud, de forma absolutamente experiencial e innata, marca la pauta de su desempeño antropológico además cargado de elementos jungianos donde la simbología juega un papel preponderante (Artaud, 1972).

---

[35] *Idem*, p.19.

"El país de los Tarahumara está lleno de signos, de formas, de efigies naturales que no parecen en absoluto nacidas del azar…. Es cierto que no faltan lugares en la tierra donde la naturaleza, movida por una especie de capricho inteligente, ha esculpido formas humanas. Pero aquí el caso es diferente: pues la naturaleza ha querido hablar a lo largo de toda la extensión geográfica de una raza." [36] .

Y sin embargo, Artaud comprende también que su venida a México obedece a esa fuerza descomunal que lo envuelve en una locura casi pasional exacerbando su sed de conocimiento insaciable. En "La cultura eterna de México" (Artaud, 1962), vuelve a tratar de

---

[36] Artaud, Antonin. La montaña de los Signos. En "Los Tarahumaras" Seix Barral, 1972. España- p.35.

inmiscuirse con las verdaderas causas que lo trajeron a México, encontrando justificaciones que efectivamente buscan eslabones de transculturización que él desea arduamente.

"He venido a México para entrar en contacto con la tierra roja. Es el alma separada y original de México lo que me interesa sobretodo… quiero estudiar la vida real de México en todos sus aspectos." [37].

Pese a no tener una posición clara sobre los Tarahumaras y lo que expectantemente se podría esperar de sus experiencias enteógenas[38] con sustancias

---

[37] Artaud, Antonin. La Cultura Eterna de México. En "México", Editorial UNAM, 1962. México, p.72.

[38] Jonathan Ott plantea en sus obras la creación del término «Enteógeno», para nombrar a esas sustancias alternas que el

como la mescalina del peyote y la
conocida *Psylocibe Mexicana* en
otros hongos[39]; interesantemente,

---

hombre experimenta para crear imágenes
alucinatorias de sí mismo en proyecciones
psicodélicas, que tienen como objetivo final
el autoconocimiento en condiciones de
amplificación conciencial.   Según Ott,
creador del término, junto con Carl P. Ruck
y R. Gordon Wasson, el vocablo proviene
del griego antiguo, cuando los poetas
recibían inspiración profética del estado
inducido por las plantas sagradas dotadas de
acción farmacológica enteogénica, que los
conducía al encuentro con los dioses. Ott.
Jonathan.   Pharmacotheon: Entheogenic
Drugs, Their Plant Sources and History.
Kennewick, WA: Natural Products Co,
1993.

[39] Gordon, Wasson.   (1957)   Magic
Mushroom. *Life*. 42: (10-12, Mayo 13)
pp. 108-120.   En esta clásica revista,
aparece la foto de María Sabina y Gordon
Wasson, captada por Allan Richardson,
durante la cabalística "noche de San
Juan", en 1955. También refiere que a
partir de esa reunión, el galo Roger Heim,
cultivaría rigurosamente tras varios

Antonin Artaud, expone de forma contundente, aún sin la metodología desplegada en el trabajo anteriormente analizado de Erich Fromm, que una de sus prioridades en México es dejar claro, que el proceso de análisis cultural está por encima de cualquier solución personal, encontrando que en lo referente a este tema, existen para él, sólo dos vertientes:

"Me parece haber distinguido en México dos corrientes; una que aspira a asimilar la cultura y la civilización de Europa, imprimiéndoles una forma mexicana, y otra que, continuando la tradición secular, permanece obstinadamente rebelde a todo progreso".[40]

---

protocolos experimentales, cepas de *psylocibe mexicana* en su propio laboratorio.

[40] *Idem*, La Cultura Eterna de México, Op. Cit, 1962, p.75.

Con un poco de sentido común estos renglones de arriba, podrían resumir el trabajo de Erich Fromm y su equipo en la comunidad campesina de Morelos. La única sugestiva acotación es que Antonin Artaud hizo este pronunciamiento por más de tres décadas, adelantado con respecto al psiconanalista. De esta manera se puede entender el perfil visionario del escritor francés al considerar, que en efecto, una comunidad campesina arraigada a su cultura mestiza, tarde o temprano copiará modelos de transculturización por mas carácter campesino que se le nomine. No hay que olvidar el caso estadístico que en el estudio de Fromm, - como se citó previamente en este mismo ensayo-, una categoría especial de 31 trabajadores agrícolas era conformada por campesinos que emigraban como braceros a los Estados Unidos, una cultura anglosajona en su base y cosmopolita por el índice de inmigración de todas partes del mundo. Esto es, aproximadamente un 15% de los hombres del poblado analizado por Fromm, dejaban sus raíces (al menos temporalmente) buscando algún tipo de migración social, que bien explica Artaud, al reconocer la existencia de una vertiente que justifica la asimilación de otras culturas, no intencionalmente mestizas, ni europeas, pero al menos anglosajonas, sí; dadas las condiciones de carácter social indagadas en el sociopsicoanálisis del campesino mexicano.

Llevado efectivamente por la conclusión de las dos grandes vertientes culturales que ciertamente pareciesen ser una generalidad; a Artaud, no le queda otra opción que dedicarse de lleno a lo que el considera fundamental, en este caso, a tierras

tarahumaras y adentrarse hasta la
médula de una cultura indígena
arraigada, zambullirse en sus
mitos y compartir sus ritos.

" Hoy nadie sabe lo que es una
raza-principio y, si no hubiese
visto a los Tarahumara, podría
creer que tras esa expresión, se
esconde un mito. ... Los
Tarahumara no creen en Dios y la
palabra "Dios" no existe en su
lengua, pero rinden culto a un
principio trascendente de la
naturaleza...[41]

El acercamiento de Artaud
en tierras desérticas del norte de
México lo llevan a pensar
seriamente en si realmente, es
sensible a la apropiación de
culturas, al menos temporalmente,
y sí estas, con el correr del

---

[41] Antonin, Artaud. "Una Raza-
Principio" En: Los Tarahumara.
Barral editores, 1972. Barcelona
Esp. p.73.

tiempo, modifican su espacio y su conducta, como sí todo lo anterior, fuese parte entonces de un concepto inequívoco de Transculturación. De hecho, las observaciones Artaudianas se rigen por su mismo pensar dicotómico que le obsesiona. Es decir, la religión, los valores morales, la transgresión, el estudio del "sí mismo" que determina una conciencia operativa en la mente del indígena, la proyección de los valores espirituales y filosóficos, es lo que más observa y analiza el dramaturgo francés.

"Para ellos el mal no es el pecado. Para los Tarahumara el pecado no existe: el mal es la pérdida de la conciencia. Pues, para los Tarahumara, los altos problemas filosóficos cuentan más que los preceptos de nuestra moralidad occidental.

Los Tarahumara están obsesionados con la filosofía; y lo

están hasta una especie de embrujamiento psicológico; para ellos no hay gesto perdido, no hay gesto que no tenga un sentido de la filosofía directa."[42]

Lo relevante de esta aproximación poético-filosófica trazada por Artaud, es sin duda, la percepción que el indígena Tarahumara, es "filósofo desde antes de nacer". Y es interesante en la medida que E. Fromm, el humanista, no pudo concebir que igualmente un campesino del estado de Morelos, tuviera la misma capacidad de realizar discernimientos de alto contenido filosófico. Lo que está claro es que para Artaud, la filosofía, el amor a la sabiduría y a la búsqueda de conocimiento es una razón innata de fortalecer una cultura y así lo hace saber. Incluso, se aventura a terciar con

---

[42] *Idem*, p.76.

el término "embrujamiento psicológico" simplemente para hacer saber que no es necesario ser psicólogo para entender los padecimientos de la mente, desde el fondo del pozo, como el los sufrió en carne propia, vagando insepulto durante siete años en indescriptibles asilos psiquiátricos (Artaud, 1976). Dueño de un conocimiento empírico de la psicología del hombre, el maestro Artaud, también se acerca a la discusión de los gestos en los Tarahumara, no como mecanismo de comunicación entre una comunidad fuertemente arraigada en el simbolismo y en la signología, sino que además fortalece su teoría diciendo que cualquier gesto que se haga, tiene un profundo sentido filosófico. En este caso, sin querer, se enfrenta a la simbología *mandálica*[43] (Jung,

---

[43] Para Carl J. Jung, la coraza interior del *mandala* configura al sí mismo y a su conciencia operativa, (*self*), lo que garantiza

1973) y a los gestos fallidos que
Freud describiría tempranamente
como parte del inconciente
existente en la comunicación
humana[44]. En síntesis, la
búsqueda de Artaud,
independientemente de no tener
una metodología psicoanalítica
excepcional muestra que el
arraigo filosófico de la mente
humana, en este caso la indígena,

---

que el pensamiento conciencial se
encuentra en permanente movimiento. En:
Mandala Sym,bolism *Mandala Symbolism.*
C. G. Jung. (a collection of three works)
translated by R. F. C. Hull, (Princeton
University Press, NJ, 1973 Además
también trabaja los arquetipos, los cuales es
lógico extrapolar al pensamiento
tarahumara y al mismo *Selbst,* que sería la
nominación alemana para el *"sí mismo"*
conciencial aplicable a la población donde
Antonin Artaud compartió sus experiencias
con el cúmulo de simbología Tarahumara,
fielmente descrita a lo largo de sus escritos.
[44] Sigmund, Freud (1929) Obras completas.
Ed. Biblioteca Nueva, Madrid. Tercera
edición, 1923.

puede trascender en las formas de transmitir cultura, algo de lo que pudo ser simple empatía en un principio, pero que luego: altamente saturado de simbologías con tintes raramuris y huicholas, pudo finalmente procesar no solo en los días de septiembre y octubre de 1936 durante su estancia en la sierra Tarahumara, sino que tardaría años en procesar en el psiquiátrico de Rodez y de *Ivry Sur Seine*, entre otros (Artaud, 1976).

De esta manera, tratando de indagar por sus propios medios la conciencia humana, sin más escuela psicoanalítica que su atribulada mente, Artaud se plantea los interrogantes propios que lo llevan a una verdad: la de reconocer su espíritu en el rito y las tradiciones tarahumaras.
" La conciencia humana tiene derecho a hacerse muchas

preguntas y yo ya me he hecho muchas a través de toda la tierra…para quien impulsa lo mental de las cosas con su corazón, existe un punto en el que, como en el caso del Peyote de los Tarahumaras, toda percepción se abre en cruz como un tejido…[45],[46]

---

[45] Antonin, Artaud. Suplemento al viaje al país de los Tarahumara. En: Los Tarahumara. Barral editores, 1972. Barcelona Esp. Ps 91-99. En este contexto de la cruz, Artaud deja claro que no es un símbolo cristiano, pese a sus francas divergencias religiosas. La cruz, significa tierra, perpendicularidad y horizontalidad de las cosas, macho y hembra el principio de la creencia divina de los Tarahumaras.

[46] *Idem,* p.47. La cruz marca un hito en la danza del peyote y no es necesariamente un elemento religioso, sino que es arquetipo simbólico que identifica una

En este terreno, solamente explorado por él, en el limbo de la razón y la locura, pero con una objetividad propia de su genialidad incuestionable, Artaud se prepara como un adulto con vasta experiencia espiritual y 40 años cumplidos, metiéndose de lleno a la razón sustancial y espiritual de los que él ha decidido llamar los verdaderos Atlantes, hijos de la Atlántida, debido a la notable estatura de los habitantes donde se encuentra listo y preparado para llevar a cabo el rito de su internamiento hacia un conocimiento conciencial más profundo.

---

cultura. De esta forma, es fundamental en el rito ceremonial en el que el mismo Artaud, participa: " *Diez cruces en el circulo y diez espejos. Un madero con tres brujos encima. Cuatro capellanes (dos varones y dos hembras). El bailarín epiléptico y yo mismo, para quien se hacía el rito"*

"El peyote conduce al yo hasta sus fuentes auténticas. Al salir de un estado de visión semejante, no se puede volver a confundir, como antes, la mentira con la verdad. Has visto de donde vienes y quien eres y desaparecen las dudas sobre lo que eres. No existe emoción ni influencia exterior que pueda desviarte de ello.

Y toda la serie de lúbricos fantasmas proyectados por el inconsciente pierden su poder de engañar el aliento verdadero del HOMBRE"[47]

Su capacidad de razonamiento es efectivamente vertida en un rico contenido psicológico, en el que evidencia el gran poder analítico para entender el qué y el porqué de las sensaciones. Aunque está dentro

---

[47] Artaud, Antonin. El rito del peyote entre los Tarahumara. En: Los Tarahumara. Barral editores, 1972. Barcelona Esp. p.26

de una comunidad indígena que no se deja "aculturizar" y representa incluso actualmente un índice de resistencia notorio, él sabe que debe aprovechar hasta la más minima sensación, hasta la más sensible percepción para poder canalizar todo ese alud de conocimientos sensoriales que arriban a él como un cataclismo necesario e indolente.

"Es allí donde se produce esa alquimia secreta y ese trabajo por el cual el yo de todo individuo escoge lo que le conviene, adopta y rechaza las sensaciones, las emociones, los deseos que el inconsciente le forma y que componen sus apetitos, sus concepciones, sus creencias auténticas y sus ideas. Ahí es donde el yo se vuelve consciente y despliega su poder de apreciación, de discriminación orgánica extrema. Porque es en él, donde Ciguri realiza su trabajo

de separar lo que existe de lo que no existe."[48]

Preparado entonces para solventar los bemoles de su experiencia, respecto a una preparación que él, en su estadío de exigente autocrítica pudo considerar por momentos insuficiente, Antonin Artaud, se deja llevar por el influjo conciencial de la comunidad que lo recibe e imagina que todo no es un simple suplicio, sino que al contrario, es una especie de bálsamo curativo una suerte de crucifixión salvadora, aceptando una inyección que eliminará la bacteria de insatisfacción que le domina desde antes de nacer, el virus que le carcome su existencia nunca complacida, que le quemará por siempre toda esa podredumbre existencial, que según él, lleva por dentro.

---

[48] *Idem* p.28

" En adelante era necesario que esa cosa escondida tras aquella trituración pesada que emparejaba el alba con la noche quedase al descubierto y sirviese, sirviese precisamente gracias a mi crucifixión. Sabía que mi destino físico estaba irremediablemente unido a ello. Estaba dispuesto a aceptar toda clase de quemaduras y esperaba las primicias de la quemadura, con vistas a una combustión pronto generalizada."[49]

Fiel a sus teorías más recalcitrantes de identificación de un pueblo, de una sociedad o de una cultura, Artaud arremete contra sus propias raíces cuando se encuentra de lleno identificado con la ancestralidad Tarahumara y centra nuevamente su potencial creativo en aspectos que rayan una total convicción de lo que

---

[49] *Idem* p.52

busca y que ha hallado sustantivamente en la sierra. Por esa definición de *sí mismo* que ha estado modificando, es capaz entonces de realizar paralelismos que son funcionales para este ensayo y que evidencian de alguna manera, la empatía y respeto al menos por el reconocimiento que debe hacer respecto de una eventual apropiación transitoria de la cultura Tarahumara, dejando en claro que lo que argumenta, lleva pura lava volcánica ardiente para sustentar su tan ansiada búsqueda.

"Un europeo nunca aceptaría la idea de que lo que ha sentido y percibido en su cuerpo – la emoción que lo ha sacudido, la extraña idea que ha tenido momentos antes y que lo ha entusiasmado por su belleza- no era suyo…

... En caso de aceptarlo se tendría por loco.
En cambio, el Tarahumara distingue sistemáticamente entre lo que es de él y lo que es del otro, en todo lo que piensa, siente y produce. Pero la diferencia entre un loco y él consiste en que su conciencia personal se ha enriquecido en ese trabajo de separación y de distribución interna al que le ha conducido el peyote y que refuerza su voluntad" [50]

Efectivamente, el grado de empatía de Artaud, por la situación del Tarahumara en sí, respecto de la ruptura o quebranto de cualquier evento que incidiera sobre las raíces culturales del grupo, puede notarse sin duda en esta especie de queja:
" Sobre este tema sostuve una conversación muy larga con el director de la escuela indígena

---

[50] *Ibídem,* p.14

donde me alojaba. Dicha conversación tuvo momentos animados, penosos y repugnantes. El director mestizo de la escuela indígena de los tarahumara estaba mucho más preocupado por su sexo que le servía para poseer cada noche a la maestra de la escuela, mestiza como él, que por la cultura o la religión.[51]

Y es que para este sensible poeta francés lo que haya venido a hacer a México o no, simplemente no deja de asombrar por su veracidad, compromiso y entrega en cuanto a la intensidad de su experiencia. Es claro que necesitaba de experimentar un tipo de vivencia que lo llevara más allá de sus rutinas y de su conocimiento.

---

[51] *Ibídem*, p.16

De esa manera, Artaud, en estadíos críticos de sus más intricados internamientos bajo la batuta del Dr. Ferdiere, uno de los terapeutas con quien más tuvo relación por escrito en las famosas cartas de Rodez (Artaud, 1977); y siendo partícipe de momentos de gran zozobra que garantizasen su estabilidad emocional; dejaba vislumbrar con plena certidumbre, estados de razonamiento práctico en los que solicitaba después de muchos años de su estadía en México, se le fuera dado un esquema terapéutico de lo que él consideraba una alternativa esperanzadora de tratamiento y evadir los electrochoques, que según él lo estaban matando.

" De aquí a entonces déme por favor Mescalina. Por lo que yo he visto, el peyotl fija la conciencia y *la impide perderse, entregarse a falsas impresiones."*[52]

Después de hacerle al Dr. Ferdiere, una breve descripción de cómo en el rito del peyote, «*se alcanza una concreción sintética que mantiene duraderamente en la conciencia, el sentimiento y el deseo de lo verdadero y le da fuerza necesaria para entregarse a ella rechazando automáticamente todo lo demás...*»[53], Artaud, estaba en condiciones de hacer sugerencias a su amigo y terapeuta más cercano.

"para obtener ese efecto de manera satisfactoria hay que mantener el organismo durante la acción del Peyotl... y

---

[52] Artaud, Antonin. El rito del peyote entre los Tarahumaras. Carta al Dr. Ferdiere. *"Nouveaux Ecrits de Rodez.* Editions Gallimard, 1977. p. 157
[53] *Idem*, p. 158.

para que actúe sensiblemente se necesitan varias dosis y que sean repetidas…

Es decir, que en una cura terapéutica es preferible dividir en 3 o 4, la cantidad necesaria para la acción mínima del peyotl sobre el organismo. Y esas 3 o 4 dosis tomarlas en un día. El número de días durante los cuales deben repetirse tales dosis, lo sabe usted mejor que yo…[54]

Es en este crucial momento que se podría pensar acerca del efecto demoledor que tuvo la experiencia tarahumara en el escritor galo. No necesariamente por pensar que a lo mejor, su dependencia a narcóticos y en ocasiones a psicotrópicos, su deseo inmenso de evasión de las sesiones de

---

[54] *IbIdem* p.158.

electrochoques o simplemente por
el deseo de sentirse
absolutamente sano, se podría
pensar en fenómenos de
apropiación cultural y también en
cierta dependencia a la sustancia.
Sí este fuese el caso, Artaud tenía
bien claro su objetivo de venir a
explorar las raíces mexicanas.

*"Yo no quería entrar cuando fui al
peyote en un mundo nuevo, sino
salir de un mundo falso"[55]*

Y por ese motivo, no solo
podríamos entender las
necesidades generales de
atribulación que el atormentado
escritor tenía en esos tiempos,
sino que efectivamente, estaba
apropiándose de rasgos culturales
intrínsecos donde las raíces
tarahumaras (por medio del rito)
eran parte de su conciencia y de

---

[55] Artaud, Antonin. "Y es en México"
En: Viaje al país de los Tarahumaras.
Secretaría de Educación Pública, México,
1975. P.153.

su yo, como una opción tranquilizadora en tanto maremagnum de incertidumbre en el que el maese Artaud, navegaba continuamente.

El hecho de que acepte que la experiencia mística con los Tarahumaras no es necesariamente un mundo nuevo para él, es parte de su propia historia. Es decir, en el atrapamiento continuo de sus sensaciones, lo que mas deseaba el escritor francés era salir de sus propios demonios, huir de ellos, exorcizarlos. Pero también darse cuenta que vivía y había vivido en un mundo falso.

En otras palabras, muy ciertamente, Artaud, cree que el mundo falso de sus costumbres, tradiciones y cultura europea no deja nada bueno para permanecer en él y lo que debe hacer obligatoriamente, es salir de ahí.

En la medida que el hombre deja lo falso de su vida interior y da cierto grado de convicción en su cerebro a los efectos que el mundo y la experiencia le está brindando, entonces es ahí en ese momento donde deben empezar los eventos de apropiación cultural y desde luego, lo que debe comprenderse, o al menos, intentar comprenderse como procesos de transculturización atípicos, en los que el hombre que absorbe algunos rasgos culturales, aprende a convivir con ellos, en los años subsiguientes a su estadía, en este caso, a una experiencia mística en la sierra tarahumara.

III.3 UNA PROBABILIDAD PSICOANALÍTICA DE SANACIÓN ESPIRITUAL.

Durante su estadía en Cuernavaca, más exactamente en la primera semana de agosto de 1957, E. Fromm organizó junto con D.T. Suzuki, una serie de conferencias en las que el psicoanálisis y la disciplina Zen, se fusionaron para entender cómo y en qué forma, el conocimiento del ser en su interior podría constituir una alternativa de curación en que la psiquiatría científica y el mismo psicoanálisis humanista, identifican psicopatologías o trastornos psiquiátricos que merecen atención terapéutica con enfoques psicoanalíticos y también, psicofarmacológicos[56].

---

[56] A estos seminarios asistieron reconocidos psiquiatras y psicólogos de la naciente Escuela Psicoanalítica Mexicana dependiente de la Escuela de Medicina de

Temas como la crisis espiritual, la naturaleza de la conciencia, además del concepto del Yo y el budismo Zen; fueron abordados para justificar que efectivamente, las enfermedades de la mente, se asociaban también con una integral comprensión del alma humana y de su estructura esencialmente espiritual.

Para Fromm, el psicoanálisis es una terapia para la enfermedad mental, mientras que el Zen es un camino hacia la salvación espiritual y justifica desde luego, una orientación contundente que fundamenta la diferencia entre el pensamiento oriental y occidental.

---

la UNAM. Además se impartieron otros tipos de ponencias como *"The Human situation and Zen Budhism, Sensory Awareness and Body Functioning"*, entre otros. (Prefacio de Budismo Zen y Psicoanálisis, FCE, 1964).

" El hombre renunció a la ilusión de un Dios paternal como ayuda paternal... El taoísmo y el budismo tenían una racionalidad y un realismo superiores a los de las religiones occidentales. Podían ver al hombre en forma realista y objetiva, sin tener a nadie que lo guiara salvo los "iluminados" ... el budismo Zen ayuda a encontrar una respuesta a la pregunta de su existencia"[57]

---

[57] Es claro que para fundamentar científicamente el objetivo de una aculturación en un país con un profundo sincretismo religioso, además de entender los grados ineluctables de misticismo existentes en el trabajo de Artaud, con los Tarahumaras, este ensayo tenía que tocar fibras tan delicadas como las que unen los trabajos de Fromm, en relación con el psicoanálisis y la religión. De esa manera, el misticismo oriental, se acerca en la medida de lo que es Buda, o es Dios para los occidentales y marcan una diferencia radical entre los grados de iluminación y de su conocimiento.

Sin embargo uno de los más grandes avances de la disciplina Zen, es evitar la enajenación de lo material[58] y persigue, el abandono de todo lo que signifique obstrucción espiritual.

Mientras la religión católica sigue un decálogo dictatorial de zarzas ardientes, los budistas se desprenden de su máxima autoridad y rezan mantras como… "Después de pronunciar la palabra Buda, lávate la boca" y se deslinda de su máxima sabiduría.

[58] Una contrapropuesta desde el punto de vista Artaudiano, nos presenta la alternativa que una obsesión, una ideación fija y constante, un deseo no resuelto a partir de objetivos previos o incluso, sentimientos de culpa que desencadenan mecanismos de defensa proyectivos de cubrir asuntos emocionales no solucionados gratamente, son suficientes para establecer procesos psicopatológicos de desequilibrio mental que hacen mucho daño en términos físicos. Durozoi, Gerard: Artaud; La enajenación y la Locura. Editorial Guadarrama, Madrid, 1975.

"Zen quiere que la propia mente sea libre y sin obstrucciones; hasta la idea de unidad y totalidad es un obstáculo y un lazo que estrangula y amenaza la libertad original del espíritu" [59]

Sin embargo, como toda disciplina que tenga un sustento, una actitud Zen, tiene una metodología sistemática que es orientada sin duda a la búsqueda del discernimiento y escudriñar todos los focos de oscuridad en todas las áreas donde exista deficiencia en el espíritu o en su defecto, donde el alma la demande.

"Hacia la visión intelectual, su fin de enseñar no es, como en Occidente, una creciente sutileza del pensamiento lógico, sino que su método "consiste en ponerlo a uno en un dilema del cual debe

---

[59] Fromm, Erich, & Suzuki, Deitaro. Psicoanálisis y Budismo Zen. Fondo de Cultura Económica, 1960. p.130.

tratarse de escapar no a través de la lógica, sino a través de un espíritu elevado"[60]

De esta manera podría inferirse que mientras el individuo Zen se esfuerce por alcanzar diversos grados de superación espiritual, incluso considerar alcanzar un grado de iluminación sagrada, el alma y la conciencia se deberán ver enriquecidas y fortalecidas por el mismo aliento que estimula a quien la practique. Para todo ello, ¿sería necesario un guía?

El maestro Zen, se caracteriza al mismo tiempo, por la absoluta falta de autoridad irracional y por la afirmación igualmente vigorosa de esa autoridad que nada demanda, cuya fuente es la experiencia auténtica.[61]

---

[60] *Idem,* p.130
[61] *Idem,* p.131

Este aspecto ilustrativo tiene sin duda una causalidad pragmática. Se trata obviamente de dar una opción de solución a un problema fenotípicamente humano, netamente espiritual y que se asocia con la solidaridad existente no solo entre los animales, sino también entre los seres humanos. Se trata de la condición *ser sano-estar enfermo*, donde se presenta un desequilibrio de esta relación y nos lleva a situaciones donde aflora por naturaleza, el concepto ético de solidaridad que en personajes como Nietzche o el mismo Artaud, se puede presentar, sobretodo en el facto de salvaguardar sus obras para algún día, ser parte de un programa que se preste a la mejor comprensión.[62]

---

[62] Dumoulie, Camille. Nietzche y Artaud, por una ética de la crueldad. Tr. de Stella Mastrangelo, siglo XXI, México,

En este caso, nos referimos al estrangulamiento constante, a la asfixia crónica del espíritu, al paradigma del abandono subyugante y la necesidad incesante de autodestrucción que manifiesta en sus escritos el dramaturgo Antonin Artaud y a su gran teatro de la Crueldad [63,64]. No es que se

---

1996

[63] Tonelli, Franco. L'esthetique de la cruaute : etude des implications esthetiques du "Theatre de la cruaute" d'Antonin Artaud. Ed, Patis. A.G Nizet, 1972.

[64] Aunque es claro que muchas podían ser las obras, recopilaciones y ensayos que se puedan hacer sobre los múltiples y variados escritos de Artaud, en una gran variedad de campos literarios, no se está exento que también se encuentre como objeto de estudio, en tesis doctorales universitarias y en ella se describa su angustiosa personallidad. Rodack, Madeleine Turrell. Facsimil de la tesis sobre la vida y obra de Antonin Artaud. Ann Arbor Microfilms Tesis (Ph. D.)

presente como un anarquista y
sea capaz de colocarse e incluso
reflejarse en una atmosfera
imperial[65], no es que su
transgresión sea tan diáfana y
penetrante como para acabar con
el juicio de Dios de un solo tajo o
que se solidarice en su
enajenación con pintores
franceses impresionistas[66] . ¡No!,
aquí la situación no es tan
delirante como sus escritos o sus
tan citadas cartas, donde hay más
dolor que letras, sino que al
contrario, lo que se espera es una
especie de respuesta en una
alternativa donde la psiquiatría y el

University Of Arizona, Graduate College,
Department Of Romance Languages,
1974.

[65] Artaud, Antonin. Heliogábalo o el
anarquista coronado. Editorial
Fundamentos, Madrid, 1975.

[66] Artaud, Antonin. Van Gogh: el
suicidado de la sociedad y para acabar de
una vez con el juicio de Dios, Madrid,
editorial Fundamentos, 1993

psicoanálisis no llegaron, excepto por el trabajo visionario de Erich Fromm y Teitaro Suzuki.

Aunque la aplicación al caso específico no se hizo jamás en tiempo real y por supuesto, nunca hubo un encuentro cara a cara entre estos dos personajes transculturales y transtemporales, la actitud Zen, podría por lo escrito en los extractos arriba citados, servir de alternativa, si no de curación, por lo menos de conocimiento, el cual pudiese haber sido absorbido de manera lógica por el poeta y dramaturgo galo, pese a que en múltiples cartas de Rodez, nombraba con insistencia, su relación con amigos que viajasen hacia el oriente o su deseo de olvidar a Dios en el Tíbet.[67].

---

[67] Noveaux ecrits de Rodez. Traducción de Pilar Calvo. Editions Gallimard 1977. Edit.

Una parte del problema, debido al gran misticismo plasmado por Artaud a lo largo de su obra, nos deja entrever que mientras no se libere de esos fantasmas, probablemente no encuentre cura a su lancinante padecer, independientemente de como se podrá inferir más adelante, que el real sustrato del asunto descanse psicoanalíticamente en bases narcisistas. En términos ético-religiosos, *"Freud, supone que el credo religioso está en decadencia, se ve obligado a suponer que la relación continuada de la religión y la ética conducirá a la destrucción de nuestros valores morales"* [68]

Fundamentos, 1980, Madrid, Esp.

[68] Fromm, Erich: Psicoanálisis y religión. Editorial Psique, Buenos Aires, 1982. p.26

Y en ese caso, Artaud, a lo largo de Havre, Rouen, Sainte Anne, Ville Evrard y otros asilos, ha entendido que en la continua transgresión que ha compartido a lo largo del abandono de su Dios, solo le ha quedado exactamente eso, la destrucción de sus valores morales.[69, 70]

---

[69] En carta a Arthur Adamov, un 24 de marzo de 1945, Artaud puede rememorar la causa por la que estuvo en Havre en su primer internamiento, procedente de Dublín en un altercado en el buque "Le Washington" al ser tachado de "demasiado revolucionario" por los servicios de inteligencia irlandeses. En: Cartas desde Rodez (1945-1946), Editorial Fundamentos, 1976.

[70] Artaud, empieza a tener crisis paranoides de que quieren darle muerte violenta en los asilos. En carta a Roger Blin, el 23 de septiembre de 1945, acusa no solo el intento de asesinato en Havre, sino también al personal de Rouen de pretenderle dar un polvo blanco, que el asegura no era heroína, sino cianuro potásico. En caso de ser cierto, tal y

Pese a un recalcitrante misticismo exhibido en la portentosa psicología Artaudiana, los motivos de sus creencias tienen fluctuaciones, no sólo de acuerdo a sus estados de ánimo intrahospitalarios, sino que además oscilan de acuerdo a como él va entendiendo el devenir de su vida, y en esa medida encuentra una expectativa de curación, la cual justifica en las múltiples cartas que como documental escribía a su médico tratante y a sus amigos.

" Después de ocho años de hechizos y de envenenamientos, por fin se ha decidido a arrojar el cristo por las ventanas y afirma, a ser yo, es decir, simplemente

---

como su terapeuta, el Dr. Gastón Ferdiere da ese beneficio de la duda, estaríamos hablando de graves crisis de los valores morales que inciden directamente sobre la salud mental de un individuo profundamente creyente como lo era Artaud. Op. Cit. Cartas de Rodez, 1976.

*Antonin Artaud, un incrédulo
irreligioso de naturaleza y de alma
que jamás ha odiado nada tanto
como a Dios y sus religiones"[71]*
En la medida como Artaud va
encontrando su yo, no solo en
términos psicoanalíticos sino
también en la aclaración de sus
confusiones es como la claridad
de sus razonamientos, disminuirán
gradualmente la intensidad de sus
tormentos mentales.

Su experiencia en México,
comprendida como "subterfugio"
para alcanzar iluminación en sus
túneles cerebrales que le
despedazan el alma y el espíritu,
fundamenta lo que bien cita
Camille Dumoullie:

*"ese deseo de reapropiación de sí,
fue uno de los motivos esenciales
del viaje a México a donde Artaud*

---

[71] Dumoulie, Camille. Nietzche y Artaud, por
una Ética de la Crueldad. Tr. de Stella
Mastrangelo, S. XXI, México, 1996. p. 119.

partió en busca de los fundamentos de la cultura verdadera, pero también de los suyos propios, por medio de una experiencia que debía hacerlo remontarse a los orígenes mismos del lenguaje y a las raíces de la conciencia"[72]

Es en este contexto donde el trabajo arduo de Erich Fromm en el campo del psicoanálisis humanista pudiese ver sus frutos, incluso porque alcanza a comprender entidades espirituales como lo es el Zen, en las que tipos de psicopatologías de difícil resolución pudiesen tener alguna forma de sanación. Y esos fueron trabajos que indudablemente, Fromm, sembró en su estadía, dejando como legado nada más y nada menos que una escuela de psiquiatría psicoanalítica en un país pluricultural como lo es

---

[72] *Idem,* p. 117

México. Y es por ello que parte del problema de este ensayo, dilucida, si efectivamente, las experiencias espirituales o de formación psicológica y sociocultural que Artaud y Fromm desarrollaron, tienen una influencia social en el comportamiento y hábitos conductuales de una población determinada.

De ahí, objetivamente se desprende un concepto más heurístico del problema. Es decir, de acuerdo con las metodologías seguidas para cada uno de los paradigmas estudiados por ambos, se trata de analizar si tales procedimientos alcanzan un sustento científico que fuese trascendental para entender cómo se estructuran las raíces culturales de una sociedad; recuérdese por una parte, el trabajo de sociopsicoanálisis del campesino mexicano con una detallada y rigurosa línea de investigación estadística, censo y cuestionarios bien programados desde el punto de vista psicoanalítico; y por otro lado, la común unión espiritual que logra Artaud en la sierra tarahumara; esto aunado a los trabajos resultantes de budismo Zen y psicoanálisis como alternativa terapéutica o aproximación al conocimiento de la conciencia del hombre.

De esta manera, la repercusión de los trabajos de Fromm y Artaud en México, parecen tener una trascendentalidad objetiva en la medida que, quienes así lo analicen, entiendan efectivamente, la posibilidad de aplicación de sus inferencias en una población, independientemente de que sus enfoques hayan sido inicialmente diferentes, como lo es el caso de la comunidad tarahumara apegada a sus raíces y renuente a cualquier forma de interacción con otras culturas, y en contraste, evaluar el legado de Fromm, como una suerte de siembra a largo plazo, donde el objetivo final, pudiese ser entendido como la salvaguarda de la salud mental de una nación, como la mexicana.

IV. CONCLUSIONES

Una de las premisas que más puede aproximarse al origen causal del "qué" provoca que personajes como Artaud o Fromm, modifiquen su estructura al menos de ritmo de vida y que durante su estadía en México sean capaces de proyectar el potencial de sus personalidades es sin duda, que cada uno de ellos requiere de una gran carga de energía espiritual para desarrollar proyectos de vanguardia. Esa energía, deviene precisamente de una especie de motor interno que forja constantemente interrogantes existenciales, que en algunos individuos genéticamente cargados de actividad creativa, genera "motivaciones" a veces obsesivamente sanas y desembocan en publicaciones escritas como los que se analizan en este trabajo.

Fromm, por ejemplo, no formó simplemente una escuela de psicoanálisis en una sociedad como la mexicana, sino que muy importantemente, y esa es una conclusión ineludible; es que cada psicoanalista "humanista" como se ha demarcado él en su propio lenguaje, tiende a mejorar una sociedad por naturaleza. Entonces, qué quiere decir esto: que Fromm siembra por décadas, y a largo plazo, una idea de lo que pudiera convertirse en una –entre comillas– "sociedad ejemplar". Esto es, en términos óptimos: "una sociedad controlada" por un conglomerado de psiquiatras científicos o psicoterapeutas aplicados, que –por el simple hecho de conocer la materia o intentar como tarea, comprender "metodológicamente" cerebros, o en su defecto, cursos de pensamiento ajenos– creen que tienen la autoridad moral o intelectual para dictar o dogmatizar lineamientos conductuales; sabiendo que por el solo hecho de haber estudiado más, deben explorar otras áreas con mayor participación sociocultural, autoerigirse con mayor sentido crítico ante la inminencia de las revoluciones sociales y brindar una mejor calidad de vida y de salud mental.

Tal y como se apuntó previamente, Fromm, con este trabajo y con el entrenamiento de psicoanalistas que hoy en pleno siglo XXI, han consolidado grandes instituciones de formación académica en el campo de la psiquiatría, bien pudo garantizar a largo plazo y según sus cánones, el bienestar y la salud mental de una nación pluricultural como es México.

En términos de la trascendencia de su trabajo, la subjetividad en los procederes de investigación de ambos personajes es patente y categórica. Decir por ejemplo que el campesino mexicano es socio-psicoanalizado es una falacia y no por demeritar el gran trabajo estadístico que hizo todo el equipo de investigación, sino porque ciertamente, no se puede psicoanalizar una comunidad campesina con un simple cuestionario. Y sin embargo, la aproximación de Fromm es meritoria, pero no deja de ser subjetiva en la medida que se tienen problemas conceptuales desde el inicio de las encuestas para definir algunos comportamientos del pueblo, que también le son ajenos y que intenta interpretar de acuerdo a su vasta experiencia en el estudio del carácter social y otras unidades psicoanalíticas que fueron investigadas a precisión. En el caso de Artaud, sobra decir que la experiencia tarahumara, es en exceso subjetiva, más por el proceder del mismo investigador que por la misma experiencia vivida.

Sin embargo en el empirismo psicoterapéutico de Artaud — permanecer en asilos psiquiátricos más tiempo que su estadía en México y tener experiencias psicotrópicas que amplían el conocimiento de ciertos grados de conciencia no experimentada por la mayoría de estudiosos en ese campo, pero si consideradas —, podría pensarse que en algún momento tuviera razón potencialmente y otorgársele el beneficio duda.

Y ese beneficio de la duda, es por supuesto debido a que su psicopatología pudiese tener visos de verdad. Efectivamente, su locura no es evaluable, no porque no se tenga en la literatura, documentación fehaciente para integrar un diagnóstico, sino porque no se puede tener objetividad ante unos escritos. Qué más da que se le nomine de esquizofrénico, de paranoide, o de depresivo, que tuviese una neurosis maligna según Fromm, que fuese un bipolar transmilenial, si en realidad, lo único que tenía era una insatisfacción crónica por ser -como bien cita Cardoza y Aragón-, "*... un hombre enfermo de su conciencia de ser hombre, de su lucidez... anárquico a fuerza de sinceridad*".

Y no es evaluable porque la sociedad moralista impone sus propios controles y no permite sobretodo, que se ofendan raíces culturales arraigadas que maltraten sus creencias y Artaud, tenía ese problema: el de ser transgresor por naturaleza. En esa medida la transgresión o la vocación por la transgresión o su misma praxis: es una locura, simplemente porque para Antonin, es incapaz de ser controlable... y ése es el precio que le impone la sociedad al confinarlo.

Si alguien agrede, rompe esquemas y códigos sociales de respeto, simplemente "transgrede". Y en los códigos de Artaud, existía el respeto a los valores intelectuales pero no a los morales o superfluos de la sociedad, incluido la religión (véase, "Para Acabar el Juicio de Dios", "Teatro de la Crueldad" y/o de Fromm, Anatomía de la

Destructividad Humana). ¿Podría pensarse entonces que Artaud, tenía un principio de autodestructividad en su ser? No lo sabemos, lo que si es notorio, es que tenía más que todo, una inconformidad insaciable y un deseo de encontrar una justificación en todo lo que buscaba. Eso era, todo lo que tenía y por eso, su forma de conducirse ante la sociedad siempre fue contestataria, provocadora, al límite…

Finalmente, muchas de las ideas vertidas en este ensayo se asocian con la capacidad del individuo para apropiarse de una cultura, en la medida que tiene una disposición conciencial. Entendemos por disposición conciencial, a esa cualidad irreductible que mueve a un individuo como si fuese un motor hacia un objetivo a explorar.

Si este fuese el caso y la disposición conciencial llevara al ser humano a procesos donde ciertas manifestaciones culturales fuesen transferidas incluso por pocos meses, específicamente en el caso Tarahumara ¿qué se lograría?

En referencia de los términos de apropiación temporal de determinada cultura y todo lo que este proceso acompaña ¿Qué hace que exista arraigo?

Qué es lo que hace que individuos como Artaud rechacen la imposición socio-cultural ya preestablecida, de haber nacido en un país supuestamente más avanzado socioeconómica y culturalmente para involucrarse en una etnia aislada, en este caso situada en la sierra tarahumara. ¿Y qué hace que al trotamundos de Fromm, le suceda algo similar y que termine viviendo más de dos décadas en un país como México? Probablemente la respuesta amerite trabajos doctorales en antropología social, neurociencias y hasta de epistemología aplicada y ontología.

De forma somera y un tanto aventurada, la causa del arraigo podría obedecer a intereses creados, a factores ambientales que genética y fenotípicamente pueden estar marcados en cada persona, a empatías de afinidad que son estudiadas actualmente por científicos expertos neurobiólogos en transculturización. Sin embargo y simplemente lo que vio Fromm, fue un terreno muy fértil para trabajar. Había una institución sólida que apoyaba la inquietud de desarrollar el campo del estudio en psiquiatría (Derbez, 1980), había posibilidades de expandir socialmente su concepto de psicoanálisis humanista y había sobretodo disposición conciencial de quienes querían compartir con él, su proyecto. Eso, en síntesis fue lo que garantizó seguramente gran parte de su productiva estancia en el país.

Artaud, por su parte lo sabía desde siempre, y lo sabía, según sus escritos, porque conocía y basaba su fe y su misticismo en la naturaleza. Conocía con alevosía de la fertilidad de un campo y la capacidad de una comunidad para responder a esa siembra. Ambos europeos vieron un México fértil y ahí radica su acierto inexpugnable!!!

En resumen y basados en las tesis que mueven este ensayo y que son parte sustancial de los interrogantes objetados en el planteamiento del problema, puede concluirse que independientemente de que ambos hubieran alcanzado mediante las metodologías propias de sus estudios, un sustento científico significativo para comprender las raíces culturales de una convulsa mexicanidad; la trascendencia de sus trabajos, sí tiene impacto en algunos focos de la sociedad contemporánea. En el caso de Fromm, la probabilidad de aceptar que finalmente modifique conductas colectivas -incluso transgeneracionales- y en el caso de Artaud, la posibilidad real de que en algunos individuos, siembre el beneficio de la duda y la veta de incertidumbre de si sus procedimientos de indagación son los más acertados y que bajo un análisis más concienzudo, puedan servir en la posteridad para entender las raíces culturales del indigenismo mexicano, al menos en otras de las tantas etnias del país.

Por tanto, Las experiencias espirituales o de formación psicológica y sociocultural que ellos desarrollaron durante su estancia, sí podrían gozar de cierta influencia social en el México contemporáneo.

Yuri Zambrano

V.   APÉNDICE

QUÉ DIRÍA, FROMM DE ARTAUD Y VICEVERSA.

El ejercicio literario a continuación, muestra a un perseverante Erich Fromm, lleno de experiencia y colmado de psicoanálisis humanista, tratando de entender a un anárquico Artaud, conciente más de sus propias experiencias, su afianzado misticismo y un raciocinio que concuerda con su obra. Se trata pues de un experimento que bien recuerda diálogos filosóficos, pero por la idiosincrasia de los personajes, se involucran raíces de su perfil psicológico, extractado (cita por cita, página por página y renglón por renglón) a partir de sus escritos y sus razonamientos, lo que demuestra un conocimiento profundo y analítico de su obra; trabajado arduamente en forma amena, didáctica y objetiva.

DEL MISANTROPISMO ZEN
A
LA LOCURA

Fromm: *Mientras que la psiquiatría se preocupa de la cuestión de porqué algunas personas se vuelven locas, el problema real es porqué la mayoría de la gente, no se vuelve loca...*[73]

Artaud: Si me lo permite doctor, creo tener una solución a su problema debido a mi experiencia como interno psiquiátrico con sesiones de electrochoques donde llegué a perder la conciencia más de medio centenar de veces *y que me veía ahogándome en mí, sin llegar a reconocerme sabiendo perfectamente que yo estaba en alguna parte pero Dios, sabe*

---

[73] *Desrepresión e Iluminación.* En: Fromm E & D.T Suzuki DT: Zen Budhism & Psychoanalisis. Harper & Brothers, NY, 1960. Traducción de Julieta Campos. Budismo Zen y Psicoanálisis. Fondo de Cultura Económica, 1ª Edición en español, 1964. p. 133.

donde y cómo si estuviese muerto. Y yo que tras seis años de internamiento nunca me habían faltado consideraciones ni amabilidad, sé que un día me volví malo y grosero y que insulté una enfermera que siempre ha querido y hecho el bien. Después de eso, trataron de enviarme al pabellón 4°, como castigo. Y tampoco es justo castigar a un hombre... [74]

Fromm: Es la historia natural de la psicopatología, pero puede ser evitable si dominas "las tensiones y las pasiones". De los castigos, tengo mis diferencias, pero no apoyo el conductismo Skinneriano.

Artaud: Soy un hombre de carne y hueso, soy un ser humano atormentado. Al igual que con el Dr. Ferdiére, usted qué me puede ofrecer... *Cuando Vd. Me hizo venir*

---

[74] Artaud, Antonin. Noveaux Ecrits de Rodez. Traducción de Pilar Calvo. Editions Gallimard 1977. Edit. Fundamentos, 1980, Madrid, Esp. p. 156

aquí yo creía que Vd. comprendía mi caso, hay algo de anormal en las cosas, Vd, lo siente intuitivamente. Yo lo siento también pero yo soy la víctima, ese algo, es la subterránea batalla entre el cristo y el Anticristo... En el inconsciente humano he sometido al anticristo a 60 comas... [75]

Fromm: No es buena la conmiseración, pero revisando tu caso y en general... *considerando la posición del hombre en el mundo, su separación, soledad, impotencia y su conciencia de ello, podría esperarse*

---

[75] Artaud se quejaba de dolores vertebrales fuertes por los mismos electrochoques (los que le produjeron mas de 60 comas y lo hicieron adicto a la morfina), incluso refiere una mielitis en la carta a Roger Blin del 23 de septiembre de 1945. Gastón Ferdiere, Médico Director del asilo psiquiátrico de Rodez, es el terapeuta que más estuvo en contacto escrito con el dramaturgo francés. Rodez, Hacia el 23 de marzo de 1945. En: Artaud, Antonin: Cartas desde Rodez, 1945-1946. Edit. Fundamentos, 1980, Madrid, Esp. p. 58.

que ésta carga, fuera más de lo que puede soportar, de tal manera que, literalmente "el hombre se desintegraría" bajo determinada tensión.[76]

Artaud: Y eso qué. Las tensiones no existen si uno no las concibe. Dios no existe, si uno no lo genera. Yo, Doctor, deseo salir de este suplicio que ni usted mismo con todo su conocimiento, concebiría como real. Este es un mundo real, no es el ficticio (tan ficticio como la conciencia) donde usted opina de arreglar la mente con psicoanalizar los pensamientos de quienes son presos de la debilidad y la falta de carácter.

Fromm: Es francamente desmoralizante, lo que me dice.

Artaud: Tomaré algo repetitivo entre psicoterapeutas *"y esto me lo ha dicho usted mismo. Sí hay algo que*

---

3. Fromm E & Suzuki DT. Budismo Zen y Psicoanálisis. *Op. Cit.* p. 133.

desmoraliza al hombre es sentirse encerrado, privado de libertad, sometido a promiscuidades algunas de las cuales son repugnantes. Hay dos o tres enfermos de coprolalia que no puedo ver sin estremecerme. Hay otros que se entregan a groserías orgánicas incesantes...[77]. Es como si uno se desintegrara de todos los valores y se perdiesen lejos de la mano de dios.

Fromm: *La mayoría de la gente evita este resultado (de la desintegración) mediante mecanismos compensatorios como la rutina dominante de la vida, la conformidad con el rebaño, la búsqueda del poder, el prestigio y el dinero, la dependencia de los ídolos – compartida con otros cultos religiosos- una vida marcada por el autosacrificio, la inflación narcisista:*

---

[77] Artaud, Antonin: Noveaux Ecrits de Rodez. Traducción de Pilar Calvo. Editions Gallimard 1977. Edit. Fundamentos, 1980, Madrid, Esp. p. 157

en resumen, la parálisis...[78] Pero tú
no, Antonin Nalpas...[79,80] ¡Tú no! Tú

---

[78] Fromm E & Suzuki DT. Budismo Zen y
Psicoanálisis. *Op. Cit.* p. 133

[79] Durante un periodo comprendido
mayormente de 1943, Artaud firmó
numerosas cartas al Dr Ferdiere con el
seudónimo de Antonin Nalpas, quizá como
mecanismo de defensa proyectivo, quizá
también como una negación normal, tratando
de aceptar alguno de sus múltiples traumas y
querer enfrentarse a cambios nuevos –
incluyendo cambio de nombre-, intentando
evitar recuerdos que potencialmente lo
lastimarían en su convulsa personalidad.

[80] Nalpas, (nombre de la madre de Antonin)
es el reflejo de lo que Fromm y Freud
llamarían "regresión" en psicoanálisis. Un
regreso al regazo materno que va
acompañado de un nuevo misticismo en su
encierro en el asilo. *Es así como más tarde
estigmatiza al "llamado Jesucristo, cuyo
verdadero nombre era, creo, Antonin Nalpas,
un redomado cobarde que se había
introducido en su cuerpo en un sueño. Y por
un golpe de humor rectificatorio, precisa que
él que vivió hace dos mil años en Jerusalén
se llamaba "ya, Monsieur Artaud"* En:
Dumoulie, Camille. Nietzche y Artaud, por

eres la excepción de la regla. Tal y como citas con crueldad al genial Van Gogh.

Artaud: *Frente a la lucidez de van Gogh, la psiquiatría no es más que un refugio de gorilas obsesos y perseguidos que no tienen para aliviar los más espantosos estados de la angustia y de la sofocación humana, sino una terminología ridícula, digno producto de sus cerebros tarados.*[81]

Fromm: Eres duro, Antonin. Eres duro contigo mismo hasta el borde de la autodestructividad. Te recuerdo que ese tipo de comportamiento autodestructivo, al menos en tí, podría ser benigno en lo que yo considero parte fundamental de un narcisismo

---

una Ética de la Crueldad. Tr. de Stella Mastrangelo, Siglo XXI, México, 1996. p. 119.

[81] Extractado del prólogo de Luis Cardoza y Aragón. En: "México", Editorial UNAM, 1962, México. p. 10.

gigantesco, una vanidad basada en tu misticismo[82], en tus creencias religiosas, en tu amor propio...[83] algo que tu ego no ha podido manejar y te ha puesto no una, sino varias veces al borde del delirio[84].

Artaud: *Tratarme como delirante es negar el valor poético del sufrimiento que desde la edad de quince años surge en mi ante las maravillas del mundo del espíritu que el ser de la vida real jamás puede realizar... Todo poeta es un vidente. De su iluminismo fue de donde sacó Rimbaud las "Iluminaciones" y la "Temporada en el Infierno". Y William Blake vio en el mundo místico del espíritu, el objeto de todas las*

---

[82] Fromm, Eric. Anatomía De La Destructividad Humana, Paidos, 1986.

[83] Fromm, Eric. The Dogma of Christ, and other essays on religion, psychology and culture. New York,_Holt, Rinehart and Winston, 1963.

[84] Fromm, Eric. Psicoanálisis y Religión. Ed. Nueva Imagen, México, 1990.

maravillosas visiones transcritas en el matrimonio del cielo y el infierno. Si yo no creyese en las imágenes místicas de mi corazón no podría llegar a darles vida. Creo en el cielo Dr... [85]

Fromm: *Cual es la ayuda que puede ofrecer el psicoanálisis a los que sufren de la "maladie du siécle?* [86] *Una solución que se me antoja para ti, podríamos buscarla en la disciplina Zen. Para mí, el hombre carece del mecanismo instintivo de los animales. "Tiene que vivir su vida, no es vivido por ella. Está en la naturaleza y sin embargo, trasciende a la naturaleza; tiene conciencia de sí mismo y está conciencia de sí como un ente separado lo hace sentirse*

---

[85] Rodez, Hacia el 20 de Mayo de 1944. En: Artaud, Antonin: Noveaux Ecrits de Rodez. Traducción de Pilar Calvo. Editions Gallimard 1977. Edit. Fundamentos, 1980, Madrid, Esp. p. 104.

[86] Fromm, E & Suzuki D.T. Psicoanálisis y Budismo Zen *Op. Cit, .* p. 94

insoportablemente solo, perdido, impotente[87].

Artaud: Así, perdido, impotente me siento en la mayoría de las veces que no entiendo a la sociedad y quisiera despedazarla, entregársela al creador de todos nosotros y decirle que se ha equivocado, con todos y conmigo, para decirle tantas cosas como para acabar con el juicio de Dios.[88]

Fromm: *"¿Está usted loco, Monsieur Artaud, y la misa?"*[89]

---

[87] *Idem,* p. 94

[88.] Artaud, Antonin. Van Gogh: el suicidado de la sociedad y para acabar de una vez con el juicio de Dios, Madrid, editorial Fundamentos, 1993.

[89] *Idem,* Esta parte de diálogo refleja la identificación total de los rasgos psicopatológicos de Artaud, al autocuestionarse, por supuesto reconociendo que su grado de locura, merece un enfoque terapéutico diferente.

Artaud: *Reniego del bautismo y de la misa.*[90]

Fromm: A propósito de ello, en el bautismo, se nace en una religión. Pero como todo y en este caso, separémonos –por salud mental- de la religión!

Artaud: Aislémonos pues, de ese opio social, no sin antes aclararle que *"No hay acto humano que, en el plano erótico interno, sea más pernicioso que el descenso del supuesto*

---

[90] *Idem.* Es lógico que Artaud, en su papel de contestatario anarquista, reniegue de todo. "Aquello que incendia y disuelve las particularidades: es anarquía, *anarquía poética.* Esa "unidad de todo lo que molesta al capricho y la multiplicidad las cosas, es lo que llamo 'anarquía'. Estar dotado con el sentido de la unidad profunda de las cosas significa estar dotado con el sentido de la anarquía. Y del esfuerzo que hay que hacer para reducir las cosas a la unidad…" En: Heliogábalo, el anarquista coronado. Editorial Fundamentos, Madrid, 1995.

Jesucristo a los altares... y créame Doctor, esto no es ni siquiera la quinta parte de mi verdad, sobre lo que puede ser el verdadero nacimiento para reescribir un "Teatro de la Crueldad"

Fromm: Es usted un transgresor con todas sus letras *Monsieur* Artaud. *"El nacimiento no es un acto, es un proceso. El fin de la vida es nacer plenamente, aunque su tragedia es que la mayoría de nosotros muere antes de haber nacido así... Algunos –* y no quiero decir con esto, que sea tu caso tan especial Antonin- *nacen muertos; siguen viviendo fisiológicamente si bien, mentalmente, su aspiración es volver al seno materno, a la tierra, a la oscuridad, a la muerte, están locos o muy cerca de estarlo".*[91]

---

[91] Fromm, E & Suzuki D.T. Psicoanálisis y Budismo Zen *Op. Cit,* p. 94

Artaud: Disgrego con usted en este caso, mi muy respetado Señor. Pero en mis experiencias con la naturaleza…

Fromm: *Todas las formas de análisis regresivo hacia el nacimiento para encontrar una cura –según sea el caso-, necesariamente fracasan y conducen al sufrimiento. "Una vez que el hombre es separado de la unidad prehumana, de la unidad paradisíaca con esa naturaleza, -que dices que has experimentado- nunca puede volver a donde vino… solo en la muerte o en la locura puede realizarse esa vuelta, no en la vida ni en la salud[92].*

Artaud: Entonces acepta mi locura, entonces acepta que tengo la razón de mi conocimiento. Y que la delgada línea entre la cordura y la razón, tiene que ver con la naturaleza del hombre y no con la condición humana en sí…

---

[92] *Idem* p. 97

con la conciencia de sí mismo y con los procesos de constante búsqueda incluso en otras sociedades, en sus ritos y en sus mitos.

Fromm: Tiene usted un carácter narcisista envidiable y profundamente autodestructivo, *Monsieur*. De alguna manera eso justifica tanto estrangulamiento de su ser *"La salida del individuo de la unidad regresiva va a acompañada por la superación gradual del narcisismo."*[93]

Artaud: ¡Ya!, usted no sale de su lenguaje retórico e inconceptual. Eso podría ser parte de un lenguaje olvidado… y mexicano[94].

---

[93] *Idem* p. 98

[94] En referencia a Fromm Erich. El lenguaje Olvidado. Buenos Aires: Librería Hachette, 1951. Se debe recordar, que este libro, fue la primera entrega de texto de Fromm, para ser publicada y fue trabajado durante sus primeros años en México, antes de dedicarse de lleno a formar la escuela psicoanalítica mexicana.

Fromm: *La religión es la respuesta formal y elaborada a la existencia del hombre y como puede ser compartida en la conciencia y a través del ritual con otros, hasta la religión más inferior crea una sensación de racionalidad y de seguridad por la misma comunión con otros. Cuando no es compartida, cuando los deseos regresivos están en contraposición con la conciencia y las exigencias de la cultura existente, entonces la "religión" secreta, individual, es una neurosis*[95].

Artaud: Y lo de México, perdone la insistencia, pero yo podría decirle que nuestras dos experiencias, "de profundo interés en la exploración de las raíces culturales" tienen que ver con nuestras religiones personales, con nuestra fe en lo que creemos, tanto usted como yo, en nuestras convicciones que constituyen nuestra

---

[95] Fromm E & Suzuki DT, Psicoanálisis y Budismo Zen. *Op. Cit.* p. 99

conciencia reflexiva, nuestro *sí mismo* conciencial… nuestras reflexiones más internas…

Fromm: ¡Oh! *Mon frere Monsieur* Artaud, por fin creeré que usted raya la cordura con un tesón de gran locura. Mire… *"La conciencia es identificada con el intelecto reflexivo, el inconsciente con la experiencia irreflexionada… -el contenido de esa conciencia es sobretodo ficticio y engañoso y no representa a la realidad-[96]"*

---

[96] *Idem*. p. 107. Para Fromm existe la "conciencia falsa" y es la sociedad, la que nos llena de estas nociones ficticias e irreales. Sin embargo, si se comprendiese a la conciencia, como la traducción neurocognitiva de todas las sensopercepciones: -incluso de las nociones ficticias-; se alcanzaría a vislumbrar la delgada línea que separa la dualidad consciente-inconsciente de la dicotomía subjetividad-objetividad. En esa medida Fromm, se planta con buenos argumentos sobre algo que bien podría referirse a un estadío de "Conciencia Desmitificada".

Artaud: Entonces, mi dolor es ficticio y no representa la realidad... entonces toda experiencia afectiva donde queda... es ese dolor que me ahoga y me destroza una afectividad propia de la inconsciencia? Y el dolor de mis vértebras por más de cien sesiones de electrochoques y mis golpes en Dublín, no dejan de ser afectivos? Y dónde queda mi experiencia con los Tarahumaras... ¿la inventé? Donde queda ese conocimiento...[97].

Fromm: *"El hecho de que las experiencias afectivas sutiles puedan entrar en la conciencia depende del grado en que tales experiencias son cultivadas en una cultura dada".* Y todo depende del Lenguaje. *"En un lenguaje en que diferentes experiencias afectivas no se expresan*

---

[97] En cartas de Rodez, Artaud, describe con lujo de detalles, como se hace adicto a la morfina, a la heroína y sobretodo narra iterativamente la causa de sus grandes dolores en espalda, creando culpas sobre la terapia de electrochoques.

con palabras distintas, es casi imposible que las propias experiencias entren en la conciencia y a la inversa [98]".

Artaud: Se equivoca Vd, *Herr Doktor* Fromm. Excepto que argumente muy bien que sea parte de un "lenguaje olvidado" pero las experiencias místicas con una cultura como la Tarahumara, tienen su propio lenguaje. Pero ojo, y ahí está el error de su soberbia... no se necesitan de palabras para transitar la senda del *ciguri* [99], sino más bien de un lenguaje bien estructurado donde los signos y símbolos sean comprendidos por quienes comparten el rito. Una ceremonia a la que me abrí, sin expresar directamente ninguno de mis miedos.

---

[98] Fromm E & Suzuki DT, Psicoanálisis y Budismo Zen. *Op. Cit.* p. 109.
[99] El camino del Ciguri. En: Artaud, Antonin.: Los Tarahumara. Barral editores, 1972. Barcelona Esp.

Fromm: Puede que me equivoque pero a propósito de miedos, y sin embargo *"el individuo tiene tanto miedo al peligro de ostracismo implícito que no se permite tener conciencia de los impulsos prohibidos"* ... *Llegamos a la conclusión de que la conciencia y la inconciencia están socialmente condicionadas...* y hay que recordar que el miedo, obedece siempre a un condicionamiento.[100]

Artaud: ¿Quiere Vd, decir que yo decidí escudriñar los secretos de los ritos Tarahumaras, porque tenía un condicionamiento?

Fromm: No precisamente. Lo que está a discusión es que en la medida que te apropias de rasgos culturales ajenos a ti, absorbes sin lugar a dudas, rutinas de condicionamiento, pues es inevitable que en la transculturación

---

[100] E. Fromm & D.T. Suzuki, Psicoanálisis y Budismo Zen. FCE, 1960 p. 113.

no haya aprendizajes externos por imitación o por rutina, o por simple empatía. Es decir, incluso las memorias más arraigadas, en ocasiones pueden llegar a archivarse a largo plazo, por mecanismos de habituación, como sucede con el miedo, por ejemplo. [101]

Artaud: Sigo sin entenderlo, Doctor. ¿Me dice usted que yo llegué a México, para enfrentarme a mis propios miedos? ¿A una fobia, quizá? ¿Cree usted que fui parte de un sistema de categorías, donde los

------

[101] El ser humano se condiciona por habituación y es un mecanismo de aprendizaje y memoria científicamente fundamentado. Eric Kandel, premio Nóbel de Medicina en este tercer milenio en Neurobiología, describe que los mecanismos de memoria aprendizaje en el humano, siguen los mismos procesos de habituación y condicionamiento que el de un caracol, llamado *Aplysia Californica*. (Kandel Eric, Jessell Thomas. Principios de Neurociencias. Mc Graw Hill, Interamericana, 2001).

impulsos destructivos me llevaron a caer en la sierra norte Tarahumara?

Fromm: Esto tiene que ver con su carácter. *"el individuo no puede permitirse tener conciencia de pensamientos o sentimientos incompatibles con los patrones de su cultura y por ello se ve obligado a reprimirlos[102]"* De esa forma, cualquier miedo que haya tenido, *Monsieur* Artaud, usted lo pudo minimizar y sublimar en otro campo, por ejemplo oculto entre su propio misticismo, algo que en ocasiones, y usted bien lo sabe lo ha llevado a la autodestrucción.[103]

Artaud: Entonces, según su noble investidura, Vd, está seguro que yo soy un reprimido. Vaya qué soberbia y qué narcisismo el suyo. Freud diría,

---

[102] Fromm E & Suzuki DT, Psicoanálisis y Budismo Zen. FCE, 1960. p. 115

[103] Fromm, Eric. Anatomía De La Destructividad Humana, Paidos, 1986.

pobre Erich, tiene un ego del tamaño de su yo…

Fromm: Mi muy estimado *Monsieur* Artaud, paso a explicarle en este mismo momento como pienso que pese a su visionaria y vanguardista personalidad, puede Vd, gozar de un estado reprimido propio del inconsciente. Mire: *"El estado de represión resulta en el hecho de que "yo", la persona accidental, social, estoy separado de mí mismo, la persona total humana. Soy un extraño a mí mismo y en la misma medida todos los demás son extraños para mí. Estoy separado de la vasta área de experiencia que es humana y soy un fragmento de hombre, un inválido que le experimenta solo una pequeña parte de lo que es real en sí mismo y de lo que es real en los demás"*[104] ¿No se le hace conocido ese personaje?

---

[104] Fromm E & Suzuki DT , Psicoanálisis y Budismo Zen. Op. Cit. 23. p. 118

Artaud: Sí, ese podría ser hasta un arquetipo Jungiano. Para ustedes los psicoanalistas todo es un paquete, pero olvidan que todos tenemos genes y eso a veces, solo a veces, nos hace diferentes. Pero le tomo la palabra y acepto que mi represión es inconsciente. ¿Qué sucede en el proceso en que el inconsciente se vuelve consciente?

Fromm: Ha dado usted en el clavo Antonin. *Para responder a esto sería mejor reformular la pregunta... cada paso en este proceso tiende al conocimiento del carácter ficticio, irreal de nuestra conciencia "normal". Cobrar conciencia de lo inconsciente y ampliar así la propia conciencia significa entrar en contacto con la realidad y, en este sentido con la verdad (intelectual y afectivamente). Ampliar la conciencia significa despertarse, quitar un velo,* *abandonar la caverna, hacer luz en la oscuridad...*[105]

Artaud: En ese caso, estructuro de nuevo la pregunta por usted si me lo permite, usando sus propias palabras: ¿Podría ser esta la misma experiencia que los budistas Zen, llaman Iluminación?[106] Es decir, ¿tener un conocimiento afectivo de sí mismo, como justificante de un previo conocimiento intelectual, podría ser comparable con un Satori?

Fromm: Podría... podría. Sin embargo, mi estimado *Monsieur*, *"por lo general hay mucha angustia antes*

---

[105] *Idem*, p. 119

[106] El *Satori*, el grado máximo de iluminación en la disciplina Zen. Es un grado de absoluto vacío. Cuando el individuo conoce el vacío, está "iluminado". Sin embargo, Satori no es un estado de ánimo anormal, no es un trance en el que desaparezca la realidad. No es un estado de ánimo narcisista, como puede verse en algunas manifestaciones religiosas. *Idem*, p. 125.

de que se produzca esta experiencia, mientras que después se produce un nuevo sentimiento de fuerza y certidumbre"[107]

Artaud: Creo haber encontrado esa iluminación. No una, sino varias veces, *Herr Doktor* Fromm. La angustia existencial nació conmigo, convive conmigo y morirá conmigo y sin embargo, en mis escritos, alcanzo un grado de concreción que me ha costado, como usted sabe, años de internamiento psiquiátrico. Eso, para mí es un proceso tan simple como descubrir el inconsciente, evento que dudo, usted, lo haya alcanzado.

Fromm: Ciertamente tú lo has dicho, mi querido *sensei*.[108] Mis mecanismos de represión también me han negado darme esa libertad que he expuesto en mis obras.[109] *El Zen, es el arte de ver*

---

[107] *Idem* p. 120.
[108] *Sensei:* Maestro Zen.
[109] Fromm Erich. El Miedo a la Libertad. Buenos Aires: Editorial Paidós, 1941.

dentro de la naturaleza del propio ser, es un camino de la servidumbre a la libertad, libera nuestras energías naturales, impide la locura o la parálisis y nos impulsa a expresar nuestra facultad para la felicidad y el amor[110].

Artaud: ¿Quiere usted decir, que encontraré la solución a mis problemas en Buda?

Fromm: En Buda, tal vez no. En el budismo y en una disciplina como el Zen, sí. *"el hombre tiene que aprender que hacer frente a la realidad. Si sabe que solo puede confiar en sus propias fuerzas, aprenderá a usarlas adecuadamente".*[111] *Monsieur* Artaud, usted debe confiar en sus propias fuerzas, ya a estas alturas, habiendo superado grandes dolores del alma, se

---

[110] Fromm E. & Suzuki D.T., Psicoanálisis y Budismo Zen. FCE, 1960 p. 125.
[111] Fromm, Erich. Psicoanálisis y Religión. Editorial psique, Buenos Aires, 1982, p. 27.

ha deshecho de su cordón umbilical y también de sus creencias y convicciones religiosas, incluso la suya. Es la hora de avanzar sobre un objetivo, que pese a que dice que lo ha encontrado varias veces, en este momento no lo tiene y me refiero, "al vacío", al verdadero *Satori,* donde cuando se logra acceder, difícilmente se vuelve a ser el mismo.

Artaud: Ese, el de recomendarme algo, sin usted haberlo vivido ni siquiera, ¡es una aberración! Le repruebo, pero le respeto, no sin antes decirle que todo, usted, es un acto de crueldad, mi querido *Herr Doktor.* Usted sabe que el mundo para mí es un proscenio gigantesco en el que la crueldad, -esa lágrima dulce que alimenta el espíritu y enmiela el alma-fluye como la conciencia[112].

---

[112] Cuando Artaud realizó los preparativos para montar su obra teatral sobre el Teatro de la Crueldad, ya tenía un lenguaje transgresor bien ganado en cada una de sus obras. Tonelli, Franco. L'esthetique De La

Fromm: Debería tenerse más fe en usted mismo. Ya no, en un ser superior, sino en esa fuerza interna descomunal que tiene adentro. *La fe, camarada Artaud, es la firme convicción basada en la propia experiencia de pensamiento y sentimiento, no el asentimiento ciego de las proposiciones*[113]. Y usted, usted es un hombre de fe profunda.

Artaud: Trataré *Herr Doktor,* trataré. Sobretodo, y eso no lo olvide, en la medida que mi fe por curarme, mi fe entrañable por huir de todos esos diablos que me han perseguido desde los asilos de Havre hasta Rodez, me dejen en paz. En la medida que mi fe en ellos, mi fe en esos monstruos que son los únicos que no me han abandonado en la vida, desaparezca,

---

Cruauté : Etude Des Implications Esthetiques Du "Theatre de la Cruauté" d'Antonin Artaud. Ed, Patis. A.G Nizet, 1972. Siglo XXI editores, 1996.

[113] Fromm, Erich. Psicoanálisis y Religión, Op. Cit. p. 57.

en esa medida, lograré una iluminación… esa linterna que citó mi colega Goëthe al morir: *"Mehr Licht"* y entonces estaré tan vacío, tan absolutamente vacío que la muerte será de nuevo mi única amiga.

Fromm: Vaya Antonin, ciertamente usted no tiene arreglo. Me ha dicho verdades ineluctables. Me ha dicho que conoce el vacío del Satori, —evento que no dudo, haya alcanzado en su experiencia con el ciguri de los Tarahumaras — y sin embargo, me ha dado una razón para vivir al menos más años que usted, no sé si tan feliz como usted ha disfrutado su vida, pero sí seguro de que debo trabajar más, al menos diseñando una anatomía de la destructividad en los humanos.[114]

---

[114] Al iniciar la década de los 70's, ya en Suiza, donde pasó sus últimos años, Erich Fromm, se dedicó de lleno a revisar una de sus más grandes obras, de la que confiesa que ciertamente, de haberlo sabido que iba a ser tan compleja, seguramente habría abandonado el proyecto. Ese libro se llamó:

Que sus convicciones, su fe en su conciencia inextinguible y toda la crueldad de su teatro de la vida, lo lleven con bien.

Artaud. Así sea, *Herr Doktor*. Ahora debo preocuparme por *"perder mi razón de ser y encontrar por fin, la sinrazón de mi ser"*[115].

"Anatomía De La Destructividad Humana", Fromm, Eric. *Op. Cit.* Prólogo.

[115] Artaud: Metafísico, anárquico y contestatario da rienda suelta a su lenguaje insolente, plagado de cinismo, el mismo que identifica un misticismo recalcitrante como el suyo, colmado de abyección y de códigos secretos de su propia conciencia. A partir de Dumoulie, Camille. Nietzche y Artaud, por una Ética de la Crueldad. Tr. de Stella Mastrangelo, siglo XXI, México, 1996. p. 107.

Yuri Zambrano

BIBLIOGRAFIA

ARTAUD, Antonin. Au pays des Tarahumaras. (L'age d'or) Collection dirigée par Henri Parisot. París Fr. 1945.

ARTAUD, Antonin. Cartas desde Rodez, Madrid, fundamentos ed. 1976

ARTAUD, Antonin. El Rito Del Peyote Entre Los Tarahumaras. Carta al Dr. Ferdiere. "Nouveaux Ecrits de Rodez. Editions Gallimard, 1977.

ARTAUD, Antonin. Heliogábalo o el Anarquista Coronado, Madrid, Editorial Fundamentos, 1975.

ARTAUD, Antonin. Los Tarahumaras. Barral Editores, Barcelona, 1972.

ARTAUD, Antonin. "México", pról. y notas de Luis Cardoza y Aragón. Editorial UNAM, México, 1962

ARTAUD, Antonin. Noveaux Ecrits de Rodez. Traducción de Pilar Calvo. Editions Gallimard 1977. Edit. Fundamentos, Madrid 1980.

ARTAUD, Antonin. OBRAS COMPLETAS, Paris, Gallimard, 1967

ARTAUD, Antonin. Van Gogh: El Suicidado de La Sociedad y Para Acabar De Una Vez Con El Juicio de Dios, Madrid, Editorial Fundamentos, 1993.

ARTAUD, Antonin.   Viaje al País de los Tarahumaras. Prólogo, Notas y Edición de Luis Mario Schneider. Edit. Secretaría de Educación Pública, 1ª. Edición, México, 1975.

CHOMSKY Noam. Aspects of theory of syntax. Cambridge MA. MIT Press, 1975.

CHOMSKY Noam. Whidden Conferences in innatism. McMaster University, 1975.

DUROZOI, Gerard: Artaud; La Enajenación y la Locura. Editorial Guadarrama, Madrid, 1975.

DUMOULIE, Camille. Nietzche y Artaud, Por Una Ética de la Crueldad. Tr. de Stella Mastrangelo, siglo XXI, México, 1996

DERRIDA, Jacques & THÉVENIN, Paule. The Secret Art of Antonin Artaud, The MIT

Press Cambridge, Massachusetts London, England. 1980

DERBEZ, Jorge. Fromm en México. Su contribución a la medicina humanista, Gaceta Médica de México, Vol. 116 (No. 10) 1980, pp. 440-443

FLOREZ, Enrique. A que vino Artaud a México. Revista de la Universidad de México, N° 14, 2005 , pgs. 34-40.

FREIRE, Paulo 1970. The "Real" Meaning of Cultural Action [El verdadero sentido de la acción cultural]. CIDOC. (Documento 70/216), Cuernavaca, 1970.

FROMM, Erich. Anatomía De La Destructividad Humana, Paidos, 1986.

FROMM, Erich. El Arte de Amar. Barcelona-Buenos Aires: Paidos 1956.

FROMM, Erich. El Lenguaje Olvidado. Buenos Aires: Librería Hachette, 1951

FROMM, Erich. El Miedo a la Libertad. Buenos Aires: Editorial Paidos, 1941

FROMM, Erich. Psicoanálisis de la Sociedad Contemporánea. México: FCE, 1955

FROMM, Erich: Psicoanálisis y religión. Editorial Psique, Buenos Aires, 1982.

FROMM, Erich. The Dogma of Christ, And Other Essays On Religion, Psychology And Culture. New York, Holt, Rinehart and Winston, 1963.

FROMM, Erich & MACCOBY Michael. Social Character in a Mexican Village. Primera edición en Inglés, Traducción de Claudia Dunning. Sociopsicoanálisis del Campesino Mexicano, Fondo de Cultura Económica, México, 1970.

FROMM, Erich, SUZUKI, Deitaro T, DE MARTINO, Richard. Zen-buddhismus und psychoanalyse Szczeany, Munchen, Deutshland. Trad. Julieta Campos. Fondo de Cultura Económica, México 1960

JUNG, Carl J. Mandala Symbolism (a collection of three works) transl. by R. F. C. Hull, Princeton University Press, NJ, 1973

RODACK, Madeleine Turrell. Facsimil de la tesis sobre la vida y obra de Antonin Artaud.

Ann Arbor Microfilms Tesis (Ph. D.) University Of Arizona, Graduate College, Department Of Romance Languages, 1974.

TONELLI, Franco. L'esthetique De La Cruaute : Etude Des Implications Esthetiques Du "Theatre De La Cruaute" d'Antonin Artaud. Ed, Patis. A.G Nizet, 1972.

Esta obra se terminó de imprimir en los talleres gráficos de Telaraña Editores, en Junio 29 de 2009. Su reedición, se realizó durante 2014, para que fuese implementada en esta presentación de libro de bolsillo en Arial 12 pts y Times New Roman, 12 pts, para el apéndice.